마음
일기

마음 일기

ⓒ 장혜진, 2013

초판 1쇄 발행 2013년 5월 13일
초판 4쇄 발행 2017년 6월 20일

펴낸이 박종암
펴낸곳 도서출판 르네상스
출판등록 제313-2010-270호
주소 10387 경기도 고양시 일산서구 중앙로1455 대우시티프라자 715호
전화 031-916-2751
팩스 031-629-5347
전자우편 rene411@naver.com

ISBN 978-89-90828-64-4 03370

하루 5분, 십대들의 마음을 치유하는 행복한 습관

마음
일기

장혜진 지음
박수현 구성

르네상스

프롤로그

어른들의 오해

'아이들이 아픕니다.'

얼마 전 교사들이 기획하고 진행한 행사의 홍보 문구 가운데 하나다. 아이들이 아프다는 건 새삼스런 진단이 아니다. 아프다 못해 죽어가는 아이들 소식이 도처에서, 수시로 들려오는 게 현실이니까.

나는 학교에 다니는 아이들을 가장 가까이에서 지켜보는 교사다. 그래서 내 눈에는 아픈 아이들의 모습이 더 자세히, 더 자주 목격된다. 실제로 아이들은 몹시 지치고 힘들고 아픈 상태다. 그 모습을 곁에서 지켜봐야 하는 나도 고통스러울 만큼 아프다. 교사뿐만 아니라 교육 문제를 논의하는 자리에서는 어김없이 아이들에 대한 걱정과 문제의 해법을 찾으려는 노력이 이어진다. 나 또한 이 아픈 아이들을 어떻게든 감당해보기 위해서 온갖 연수와 상담 프로그램을 두드려왔다. 그렇게 끝없는 시도를 해보지만 연말이 되면 스스로 실패에 가까운 평가를 내리고 좌절하기를 반복했다.

오늘날 우리 아이들이 이렇게 아픈 원인은 과연 무엇일까. 어떤 이는 과중한 공부 스트레스라고 하고, 어떤 이는 학교 폭력이라고 하고, 또 어떤 이는 방과 후에 학원을 순례해야 할 만큼 경쟁이 치열해진 현실이라고 한다.

모두 맞는 말이다. 이제 굳이 교육 전문가가 아니더라도 그 정도 분석은 해낸다.

공부 스트레스 때문에 아이들이 힘들다?

아이들, 정말 공부 많이 한다. 야간 자율학습에 보충수업, 각종 학원…… 입시생이 아니어도 방학이 유명무실해진 지 오래일 만큼 공부에 짓눌려 산다. 당연히 아이들은 힘들어한다. 실제로 과중한 학업 스트레스 때문에 견디지 못하겠다는 마지막 말을 남기고 스스로 목숨을 끊는 학생들도 있다. 특히 공부를 더 많이 하고, 더 잘하는 아이들이 그런 선택을 하는 경우가 종종 있다. 상위권을 유지하는 아이들이 조금만 성적이 떨어져도 견디지 못하고 그만 생의 끈을 놓아버리는 것이다. 어찌 보면 공부를 너무 못하는 게 괴로워서 살 수 없다는 아이보다 열심히 잘하는 아이들이 극단적인 선택을 하는 경우가 더 많다.

그런데 공부를 잘하는 아이보다 못하는 아이가 훨씬 많다. 그리고 잘하는 아이 가운데서도 정말로 공부를 즐기는 아이는 아주 극소수다. 그러니 표면적으로 분석하자면 대다수 아이들은 하기 싫은 공부를 울며 겨자 먹기로 하고 있는 셈이다. 공부 잘하는 아이도, 못하는 아이도 하기 싫은 공부에 오랜 시간 얽매어 있는 것이다. 그렇게 따지면 아이들이 아픈 원인은 '공부'라고 못 박아도 틀린 말은 아니겠다.

그렇다면 공부를 즐기는 극소수를 제외한 아이들을 모두 공부에서 해방시켜 주면 지금 사회 문제가 된 학생들의 아픔이 씻은 듯이 사라질까? 적어도 직접 현장에서 아이들을 지켜보는 내 경험으로는 아니라고 확신한다. 이쯤에서 '공부'라는 주제가 지닌 모순점을 살펴볼 필요가 있을 것 같다.

먼저 공부를 대하는 교사 및 학부모의 태도를 보자. 교사도 학부모도 사회생활을 하면서 많은 사람을 만나고 다양한 일을 겪게 된다. 그 자체가 바로 삶이고, 삶에는 끊임없는 예외의 경우가 생겨난다. 더구나 삶의 과정에 정답이란 없다. 열심히 한다고 해서 잘산다는 보장도 없다. 그러다 보니 누구나 두렵고 힘 빠지는 순간을 경험하게 된다. 그럼에도 살아내고 있다는 점에서 학부모와 교사는 비슷한 처지에 놓여 있다.

비슷한 두 집단은 자신들이 살아온 경험을 근거로 가장 검증됐다고 여겨지는 안전핀 하나를 확보했다. 바로 '공부'다. 누군가는 자신에게 적용해서 그 안전 효과를 입증한 방식일 테고, 누군가는 하지 못한 후회를 얹어서 선택한 방식일 테지만 어쨌든 어른들은 공부가 예측하기 힘든 삶을 건너는 가장 튼튼한 교두보라고 믿게 되었다. 그 믿음을 바탕으로 자식들에게, 제자들에게 주저 없이 학업 성적의 중요성을 강요, 강조하고 있는 것이다.

그런데 아이들이 집단으로 아프다고 호소하는 시기가 닥치자 그토록 지극한 선의와 믿음으로 강조하던 공부를 원흉으로 지목한다. 인생사를 풀어갈 가장 효과적인 해결책인 것처럼 강조하던 공부를 이번에는 문제의 가장 큰 원인으로 전락시키는 모순이 발생한 것이다.

그 모순은 또 다른 모순을 낳는다. 아이들이 아픈 원인을 학업 스트레스로 진단했다면 처방은 간단하다. 아이들을 그 스트레스에서 벗어나게 해주면 되니까. 적당히 공부하고 적당히 놀게 해주면 되니까. 그런데 죽어도 그렇게는 안 한다. 아이들이 공부 때문에 힘든 현실은 탓하면서도 내 아이를 덜 힘들게 해줄 생각은 추호도 하지 않는다. 왜? 다른 아이들은 여전히 공부에 매달리고 있을 거라는 불안감 때문에. 다른 아이들이 모두 노는 시간이 많아지면 그때 쯤이나 내 아이에게도 자유를 허락하겠다는 태도다. 문제는 거의 모든 학부모가 다 그런 마음이라는 것이다. 마치 총구를 맞겨눈 두 세력이 서로 먼저 총을 내려놓으라며 팽팽히 대치하는 상황처럼 말이다. 그러니 과중한 학업이 아이들을 아프게 하는 원인이라면,

우리는 원인을 뻔히 알면서도 치유는 해줄 마음이 없는 잔인한 시대를 살고 있는 셈이다.

그런데 내가 겪은 아이들, 내가 진단한 아이들 상태로 보아 다행인지 불행인지 모르겠지만, 학업 스트레스 자체가 아이들을 아프게 하는 결정적인 원인은 아니다.

아이들이 아픈 진짜 이유

이번에는 학생과 공부 사이에 얽힌 오해를 살펴볼 차례다. 10여 년에 걸쳐 아이들과 부대끼다 보니 나는 흥미로운 사실 하나를 발견하게 됐다. 아이들은 누구랄 것 없이 공부를 버겁게 여기며 그다지 즐기지 못한다. 하기 싫지만 억지로 하는 경우도 참으로 많다. 그런데 어른들이 잘 모르는 게 한 가지 있다. 그럼에도 불구하고 학교에 다니는 학생은 누구나 공부를 잘하는 사람이 되고 싶은 욕구가 있다는 사실이다. 그 욕구는 일등부터 꼴찌까지 모든 학생이 다 갖고 있다. 노력을 더하고 덜하고의 차이는 있지만 하나같이 바라는 건 공부 잘하는 학생이 되고 싶은 거다.

사교육의 굴레가 아이들을 힘들게 하는 것도 사실이다. 그런데 정작 아이들은 사교육을 안 시켜줘도 힘들어한다. 사교육을 못 받는 아이들은 그런 식의 지원이라도 받는 친구들을 오히려 부러워하는 것이다. 학업 스트레스가 아이들 아픔의 주범이라는 진단은 오해라는 또 하나의 근거라고 하겠다.

그렇다면 학교 폭력이 아이들을 병들게 한 원인일까? 경우에 따라서는 원인이 되기도 한다. 왕따를 비롯한 폭력은 정말 무섭다. 당하는 아이는 차라리 죽는 게 나을 것 같다고도 한다. 그렇지만 학교 폭력은 어떤 원인에 따른 결과는 될 수 있을지언정 그 자체로 원인이 될 수는 없다. 폭력이 아이들을 아프게 하기 이전에, 그 폭력을 일으키는 원인이 수없이 존재하기 때문이다.

학업 스트레스와 학교 폭력은 아이들을 병들게 하는 원인이 아니라, 아픈 아이들 가운데서 드러나는 대표 현상일 뿐이다. 실제로 공부에 대한 스트레스도 없고, 폭력에 시달리지 않는데도 너무 아프고 힘들어서 자살을 시도하는 아이들이 있다.

학업 스트레스와 학교 폭력이 아이들 아픔의 주요 원인이 아니라고 하니 내심 안심부터 하는 어른들이 있을지도 모르겠다. 뭔지모르게 찔리는 구석이 있었는데 슬며시 면죄부를 받은 느낌이 들지도 모르겠다. 행여 그런 마음이라면 얼른 거둬들이시라, 당부한다. 아이들이 아픈 건 아이들만의, 아이들끼리의 문제라고 여기는게 아니라면 말이다.

사실 전염병이 아닌 다음에야 사람이 아픈 이유를 한두 가지 원인으로 묶어내려는 시도 자체가 무리인지도 모른다. 병원에 가면 아픈 사람들이 많지만 아픈 원인은 개별적으로 다 다르지 않은가 말이다. 증상도 천차만별, 원인도 각양각색이다. 학교도, 아픈 학생도 그와 같다. 아픈 원인은 하나하나 다 다르고, 증상도 난치부터 가벼운 것까지 이루 헤아릴 수 없이 다양하다. 한두 가지 원인으로 아프고, 한두 가지 증상만 나타나는 게 아니어서 더 막막한 게 오늘날 학교의 현실이라고 감히 단언한다.

아이들과 부딪치고 상담하면서 그 사실을 깨닫고 나는 한동안 무기력에 가까운 좌절에 빠졌다. 나 혼자의 힘으로는 도저히 감당하기 힘들다는 자각 때문이었다. 열이면 열, 백이면 백이 다 다른 원인으로 아픈 아이들을 내가 무슨 수로 치유할 수 있을까. 더구나 나는 이름만 교사일 뿐 속내를 보면 불완전하기 짝이 없는 인간에 지나지 않았다. 심지어 나도 아픈 곳이 많은 사람이었다. 그 탓에 교사가 된 뒤 몇 년 동안 갈피를 못 잡고 헤맸다. 아이들이 울면 나도 울고, 아이들이 아프면 나도 아팠다. 아니, 그런 아이들을 치유해줄 수 없어서 아이들보다 더 많이 울고 더 많이 아팠다.

그런 상태로는 도저히 더 견디기 힘든 지경에 이르렀을 때 나는 우선 나부터 치유하기로 했다. 내가 아픈 원인부터 찾기로 했다. 내가 먼저 건강해져야 아이들을 돌볼 힘도 생길 터였다. 그런데 뜻밖에도 나 스스로를 치유해 가는 그 길에서 아이들이 아픈 원인을 '발견'한 듯했다. 아니, 원인이 아니라 각기 다르게 아픈 아이들이 백이면 백 모두 공통으로 지니고 있는 아픈 '부분'을 발견했다고 해야겠다. 조건과 증상은 달라도 앓고 있는 부분은 딱 한 군데였다. 그리고 그 한 부분이 치유되면 각기 다른 그 증상들도 저절로 사라졌다.

경험과 경력이 일천한 내가 감히 이 부끄러운 책을 쓰기로 용기를 낸 이유가 바로 그것이다. 아이들과 더불어 찾아냈고, 아이들과 더불어 아픔을 치유한 과정과 경험을 많은 분들과 공유하기 위해 서이다.

아이들을 병들게도 하고, 죽게 만들기도 하지만 언제 아팠냐는 듯 팔팔하게 살려낼 수도 있는 그 '무엇'을 나의 개인적인 경험과, 내가 만난 아픈 제자들의 경험을 모두 바쳐, 정성껏 이 책 속에 옮기고 전달하려 한다.

이 책을 읽고 난 뒤 아이들이 왜 아픈가, 라는 물음에 교사가, 학부모가 공감의 뜻을 담아 고개를 끄덕여주시기를 간절히 바란다.

1장

아이들은 저마다
다른 이유로 아프다

영악한 전교짱의 울화와 눈물

진우*는 이른바 '전교짱'이었다. 짱답게(?) 행동이 거칠어서 말썽을 많이 일으켰는데 특히 여자 교사들에게 친절하지 않았다. 나약해 보이는 여자 교사일수록 진우에게 당하는 경우가 많았다. 이를테면, 교사가 어떤 아이를 야단치는데 느닷없이 나서서 당돌하게 간섭하기도 하고 다 들으라는 듯 빈정거리기 일쑤였다. 진우는 어리지만 힘 관계를 정확하게 파악하고 있었다. 죽은 듯이 엎드려야 하는 선생이 누군지, 실컷 빈정거려도 뒤탈 염려할 걱정이 없는 선생이 누군지 너무 잘 알았다.

그 전해에 진우를 맡았던 교사는 내가 진우를 맡게 된 걸 알고는 이렇게 말했다.

"그 녀석 구제 불능이야. 어린 게 야비하기 짝이 없어요. 아무리 좋게 보려고 해도 좋게 볼 만한 구석이라고는 눈곱만치도 없는 녀

***이 책에 나오는 아이들의 이름은 모두 가명입니다. - 편집자**

석이야. 작년에도 폭력 사고 크게 쳐서 징계 받았잖아. 장 선생, 골치 아프게 생겼네."

우리 반에서 수업을 마치고 온 동료들은 종종 이마를 잔뜩 찌푸리며 투덜댔다.

"진우 그 자식 때문에 수업 분위기가 엉망이야."

"다른 아이들까지 걔 때문에 집중을 못해."

진우를 아는 교사라면 하나같이 고개를 절레절레 흔들며 미워했다. 진우가 미움을 받는 이유는 또 있었다. 어머니 때문이었다. 진우 때문에 학교에 불려올 때마다 진우 어머니는 고개를 숙이기는 커녕 되레 큰소리를 쳤다.

"선생님이 잘못 아신 겁니다. 내 아들이 그럴 리 없어요. 우리 아들, 주일이면 얌전히 교회에 나가서 피아노 반주하는 아이예요. 엄마 아빠한테도 얼마나 착하게 구는 아인데 그런 말씀을 하시는 거예요?"

아이가 학교에서 사고를 쳤다는데도 당당하기 그지없는 진우 어머니의 태도도 태도려니와, 학교에서는 짱 노릇하는 아이가 일요일이면 점잖게 차려입고 교회에 나가서 피아노 반주를 한다는 소리에 모두들 아연실색했다. 첫째는 도저히 상상하기 힘든 모습이어서 받아들여지지 않기 때문에, 둘째는 사실이라고 한다면 두 얼굴을 지닌 영악한 아이이니 더 정이 떨어진다는 이유였다. 그러니 진우 어머니가 '착한 아들'이라고 주장할수록 교사들의 미움은 더 깊어지기만 했다.

게다가 진우는 말썽꾸러기치고는 성적이 좋은 편이었고 숙제도 늘 깔끔하게 해왔다. 남자아이들의 이상형이라는 긴 생머리의 예쁜 여자 친구도 있었다. 차라리 진우가 공부는 지지리도 못하고 여자아이들이 거들떠보지도 않는 아이였다면 사정이 좀 달랐을까? 교사들은 진우를 두고 야비한 녀석이 처세에는 능하다며 더 미워했다.

교무실에서 공공의 적 취급을 받는 아이를 맡고 보니 내 마음도 그리 편치는 않았다. 학교에서와 집에서의 생활이 판이하게 다른 게 사실이라면 진우는 내가 봐도 야비한 녀석이라는 생각이 들었다.

진우가 있는 반을 새로 맡은 지 2주째 되는 날 어느 학부형이 내게 전화를 해왔다.

"선생님 반 아이들이 점심시간에 교실에서 밥을 못 먹고 있다는데, 그거 알고 계시나요? 교실 분위기가 너무 살벌하다고 하던데요."

그 얘기를 듣고 알아보니 우리 반에는 전교짱 진우만 있는 게 아니었다. 이른바 '일진' 일곱 명이 다 모여 있었다. 그 녀석들 서슬에 눌려 반 아이들이 쥐 죽은 듯 숨죽이며 생활하고 있었던 것이다. 나는 마음을 단단히 먹고 아이들 앞에 서서 말했다. 아니 짐짓 거친 기를 잔뜩 실어 엄포를 놓았다.

"잘 들어라. 내가 담임을 맡은 이상 우리 반에서 있어서는 안 되는 일 몇 가지를 알려줄게. 나는 우리 반 교실에서 누가 누구를 지배하는 기색이 보이면 가만 두지 않을 거야. 다른 사람은 몰라도 나는 그 꼴 못 본다! 잘 들어! 이거 안 지키면 용서 안 한다. 첫째, 자기가 할 일은 남한테 시키지 말 것! 다른 사람한테 피해 주는 일은 절대로 하지 말 것. 특히 청소! 청소는 세분화시켜서 맡길 테니까 자기가 맡은 구역은 자기가 해라. 청소 안 하는 사람이 단 하나도 없게 할 것. 셋째, 체육에 신경 쓸 것. 아니 잘할 것. 공부는 못해도 좋지만 체력은 우수해야 한다. 그리고 체육 시간이 아니면 친구들이랑 어울릴 시간이 거의 없다. 그러니까 체육 열심히 하고, 체육대회는 전교에서 일등 한다는 각오로 준비할 것. 넷째, 무슨 일이 있어도 학교에는 나올 것. 아파도 학교에 와서 아플 것. 지각하지 말 것. 특히 남학생들, 결석, 지각 절대 안 한다는 각오해라. 한번 지각하기 시작하면 습관 된다. 그런 습관이 들면 스스로 한심하다는 생각이 들면서 뭐든 체념하게 되니까 하는 소리야. 그러니까 일단 무조건 학교로 나와. 마지막으로 다시 한 번 말하지만 교실에서 힘 과시하는 놈들끼리 몰려 있지 마라. 그러다가 걸리면 내 손에 죽는다. 징계 안 때리고 내가 죽인다!"

그 뒤로 나는 내내 아이들을 지켜보았다. 특히 진우를. 나는 진우를 특별히 가까이 대하지도 그렇다고 방치하지도 않았다. 가까이 대하지 않은 마음에는 녀석이 얄미운 개인감정도 섞여 있었다. 워낙 다른 동료들에게 들은 얘기가 부정적인 탓도 있지만, 물리적인 힘을 과시하며 또래들 사이에서 영웅 대접을 받는 행태 자체에 대한 거부감도 있었다. 그렇다고 아예 무시하기에는 어쩐지 석연치 않은 부분이 있었다. 진우를 볼 때마다 녀석이 품고 있는 울화가 느껴졌기 때문이다.

눈치로 보아 진우도 나를 지켜보는 듯했다. 딱히 저를 드러내서 미워하지는 않는 것 같은데 그렇다고 적극적인 접촉을 시도하지도 않는 내가 조금은 이상하게 여겨지는 모양이었다. 그렇게 서로 지켜보며 시간이 흘러갔다. 그동안에도 나는 간간히 여자아이들을 불러서 교실 분위기며 진우의 근황을 물어보았다. 다행히 별 탈 없이 지나가고 있었다. 어쨌거나 진우를 비롯한 일진 급들의 협조(?) 아래 우리 반은 체육대회에서 일등을 차지했고, 여름방학이 다 지나도록 큰 문제는 발생하지 않았다.

그러던 어느 날, 용준이라는 아이가 교실 유리창을 깨는 사건이 벌어졌다. 용준이는 평소에 조용히 지내는, 존재감이 거의 없는 아이였다. 정작 걱정했던 녀석들은 가만히 있는데 뜻밖의 아이가 사고를 쳤다는 소리를 듣고 어안이 벙벙했다. 나뿐만 아니라 우리 반 아이들 모두가 놀란 사건이었다.

그런데 원인을 제공한 아이가 진우라는 사실이 밝혀졌다. 아이들 얘기로는, 용준이가 조용히 지내긴 하지만 여느 남자아이들과 달리 진우의 권위를 인정하지 않았다는 거였다. 그래서 진우가 용준이에게 좀 빈정거렸던 모양이다. 그렇다고 심하게 자극한 건 아니었다고 아이들은 입을 모아 전했다. 아무튼 용준이는 진우 때문에 화가 나서 체육복으로 주먹을 감고 유리창을 깨버렸다.

어쨌든, 진우가 또 한 번 입길에 오르내리게 될 수밖에 없는 사건이었다. 그런데 그걸로 끝이 아니었다. 비슷한 시기에 진우가 다시 폭력 사건에 연루된 것이다. 사건 자체는 그다지 심각하지 않았다. 진우도 연관은 있지만 직접적인 폭력을 쓴 게 아니어서 용서하려면 얼마든지 용서할 수 있는 수준이었다. 문제는 진우가 전과자(?)라는 거였다. 그 학교에는 스리아웃 제도라는 게 있었다. 한 학생이 세 번 사고를 치면 세 번째는 퇴학을 시키는 제도였다. 그런데 진우는 그때 이미 투아웃 상황이었다. 더구나 진우에게 호감을 가진 교사는 단 한 사람도 없는 실정이었다.

따지고 보면 진우가 얽힌 폭력 사건도 가벼운 것이어서 퇴학까지 운운하기는 너무 가혹한 일이었다. 아이들도 진우 편이었다. 예전에 비해서 진우가 달라졌다며 호감을 보이는 아이들이 늘어나는 참이었다. 그래서 행여 진우가 징계를 받을까 봐 저희들끼리 쉬쉬하며 감싸는 분위기였다.

교무실 사정은 달랐다. 워낙 미운털이 많이 박힌 아이라서 조용히 지나가기 힘든 상황이었다. 이참에 스리아웃 제도를 엄격하게 적용해서 본보기를 보여야 한다는 주장이 나왔고, 굳이 그 의견에 반대하는 사람도 없었다.

담임으로서 나는 그 징계 안을 받아들일 수 없었다. 아무리 전과가 있고 얄미운 아이라고 해도 그만한 일로 퇴학까지 시킨다는 건 그 자체로 폭력 같았다. 내가 책임지고 지도할 테니 징계는 피하게 해달라고 요청했다. 동료들은 못 이기는 척 물러섰다.

나머지 과정은 내 몫이었다. 나는 우선 진우 어머니를 학교로 불렀다. 익히 들어서 알고 있었지만 진우 어머니의 목소리에는 날카로운 신경질이 묻어 있었다. 교무실에 들어서는 순간에도 나 같은 선생한테 지지 않겠다는 기운을 물씬 풍겼다. 나는 호흡을 고른 다음 입을 열었다.

"어머니가 힘드시겠네요. 아이 때문에 학교에 오시는 마음이 편치 않으실 텐데요……."

진우 어머니는 내 말이 채 끝나기도 전에 예민하게 대응했다.

"아뇨, 선생님이 그런 식으로 얘기를 하시니까 애가 그런 거죠. 우리 아들이 그렇게 못된 녀석은 아닌데……."

나도 더 듣지 않고 내가 할 말을 이어갔다.

"잠깐만요. 제가 먼저 말씀 드릴게요. 어머니가 저를 도와주세요. 어쨌든 진우는 작년에도 그렇고 이번에도 문제를 일으켰습니다. 하지만 제가 책임지고 퇴학이나 정학 시키지 않고 데리고 갈게요. 그러니까 어머니도 저를 믿어주시고 도와주셔야 합니다."

그제야 진우 어머니의 태도가 살짝 누그러졌다. 나는 필요 이상으로 예민하고 날카로운 진우 어머니의 인상을 살피며 다시 말을 이었다.

"이제부터 제가 날마다 진우를 남겨서 면담할 겁니다. 그러니 애가 좀 늦더라도 그런 줄 알고 도와주세요."

이튿날부터 나는 진우와 면담을 시작했다. 처음에는 그저 내 옆자리에 앉혀놓는 정도였다. 딱히 이것저것 캐묻지는 않고 아이를 살폈다. 진우는 수업이 끝나면 고분고분 와서 앉아 있었다. 날마다

가까이서 얼굴을 맞대는 것만으로도 진우와 나 사이에 놓였던 장벽이 많이 허물어진 느낌이었다.

그러던 어느 날 진우가 면담에 오지 않고 도망을 쳤다. 나는 다음 날 진우를 불러서 물었다.

"어제는 왜 도망쳤냐?"

"그냥, 별로 할 얘기도 없는 것 같고 해서……."

"그렇다고 도망을 가? 내가 너를 잡아놓는 건 일종의 벌이야, 벌! 앞으로는 그런 일 없도록 해라. 그나저나 넌 좋겠다. 아주 좋겠어."

나는 짐짓 비아냥거리는 투를 강조해서 말했다.

"……?"

진우는 멀뚱멀뚱 나를 쳐다보기만 했다.

"네가 아무리 잘못해도 너희 엄마는 네 편을 들어주시잖아."

"하나도 안 좋아요."

뜻밖의 대답이었다. 나는 다시 한 번 넌지시 말을 건넸다.

"왜? 엄마가 너라면 끔찍하시잖아."

"그렇지도 않아요. 학교에서는 편 들어주는 것 같지만 집에 가면 엄마가 얼마나 혼내는데요. 저, 거의 반은 죽어요."

"아무리 그래도 너, 엄마 좋아하잖아, 아니니?"

"아뇨. 엄마…… 죽여버리고 싶어요."

끔찍한 마음을 털어놓으며 진우는 울고 있었다. 말은 그렇게 내뱉었지만 어머니 때문에 몹시 힘들다는 표정이 얼굴에 가득했다. 어쩌면 그 얼굴 속에 진우가 가끔 내비치는 울화의 정체가 숨어 있을지도 모른다는 생각이 들었다. 나는 짐짓 아무렇지도 않은 척 물었다.

"왜?"

"엄마가…… 아파요. 만날 아프거든요."

더 캐물을 수도 있었지만 나는 거기서 멈추었다. 자세히는 모르겠지만 몹시 복잡한 진우의 심경이 읽혔기 때문이다. 그리고 진우 어머니를 다시 불러서 말했다.

"어머니, 진우가 학교에서는 좀 거칠지만 알고 보니 마음이 참 착하네요. 그거 아세요? 진우가 정말 엄마 걱정을 많이 합니다."

아들이 걱정한다는 말에 진우 어머니는 눈에 띄게 안절부절못하는 모습을 보였다. 보고 있는 내 마음이 다 불안해질 지경이었다. 진우 어머니는 두서없는 말들을 끝없이 쏟아냈다. 여간한 인내심이 아니면 듣기 힘든 변명 같은 것들이었다. 나는 적당한 대목에서 진우 어머니의 말을 잘랐다.

"어머니, 제가 보기에 진우가 세상에서 가장 보호하고 싶은 사람이 바로 어머니인 것 같아요."

그건 사실이었다. 어머니를 죽여버리고 싶다고, 그러나 어머니가 늘 아프다고 했던 진우의 상반된 표현 속에서 내가 전해 받은 느낌이었다. 아들이 자신을 보호하려고 애쓴다는 말을 듣자 이번에는 진우 어머니가 눈물을 흘렸다. 그리고 한 번도 드러내지 않던 속내를 내비쳤다.

"사실은 제가 심장병이 있어요. 그래서 좀 예민합니다. 우리 진우, 집에서는 다른 애들보다 훨씬 더 착하고 얌전해요. 그러니까 주일마다 교회에 나가서 피아노 반주도 하고 그러죠. 제가 또…… 우리 남편이랑 별로 사이가 안 좋아요. 남편한테 애 잘못 키운다는 소리 듣고 싶지 않거든요. 남편은 우리 진우가 좋은 고등학교에 진학하기를 바라고 있어요. 아마 그 고등학교에 못 가면 제가 애를 잘못 가르쳐서 그렇다고 생각할 거예요. 그래서 제가 애를 좀 엄하게 다루는 편이에요."

실마리가 조금씩 풀리는 느낌이었다. 그때 나는 아직 미혼이었지만 부부 사이가 안 좋은 가정의 아이들이 받는 스트레스를 헤아리는 편이었다. 어머니가 자식을 지나치게 닦달하는 가정이 갖는 공통점이 있었다. 아내가 남편에 대한 결핍감을 갖고 있다는 사실이다. 남편과 사이가 안 좋을 때 아내는 남편에게서 받지 못한 애정을 자식에 대한 기대로 대신하려는 경향이 있었다. 대개 그 기대는 폭압에 가까웠다.

진우의 어머니도 비슷했다. 남편에게 느끼는 애정 결핍을 진우에게서 채우려 했고, 적어도 자식 때문에 남편 앞에서 자존심을 다치고 싶지는 않았던 것이다. 진우는 그런 어머니의 마음을 짐작하기 때문에 버티기 힘든 상황을 감내해온 거였다. 자칫 잘못하면 어머니가 쓰러질지도 모른다는 불안감까지 더해서 말이다.

진우가 사건을 계속 일으키면서도 성적은 유지하려고 애쓴 이유도 거기에 있었다. 진우는 아버지가 바라는 학교에 입학하지 못하면 어머니가 힘들어질 거라는 사실을 간파한 거였다. 그래서 행여 성적이 떨어지기라도 하면 어머니와 진우, 둘 다 불안감에 휩싸였다.

진우와 비슷한 환경에 놓인 아이들은 공부마저도 자신을 위해서 하는 게 아니다. 유난히 성적에 집착하는 아이들에게 그 이유를 물어보면 대개 좋은 학교에 입학해서 좋은 직장에 들어가 성공하고 돈도 많이 벌고 싶기 때문이라고 한다. 그게 왜 좋으냐고 물으면 아이들의 본마음이 드러난다.

"그래야 엄마, 아빠가 좋아하시니까요."

진정으로 자신을 위해 공부하는 아이들은 결과에도 크게 개의치 않는다. 성적이 떨어지면 다음에 더 열심히 하면 된다고 생각한다. 그러나 진우처럼 타인에게 인정받고 싶은 욕구 때문에 공부를 하는 아이들은 초조할 수밖에 없다. 자신이 사랑받을 수 있는 유일한 방법이 공부라고 생각하니까.

이유야 어떻든 진우 어머니처럼 끊임없이 불안한 모습을 보이면 아이도 똑같이 불안감에 휩싸인다. 부모의 마음이 아이에게 고스란히 전달되는 것이다. 그래서 언제 터질지 모르는 폭탄을 가슴에 품고 있는 사람처럼 늘 초조하고 괴롭다.

그것만으로도 진우가 학교에서 거칠게 구는 이유는 충분했다. 그런데 진우가 울화를 품게 된 이유는 또 있었다.

진우가 두 번째로 울었을 때 나는 몹시 마음이 아팠다. 울면서 진우가 또 한 번 죽여버리고 싶다고 한 사람은 바로 그 전해에 진우를 맡았던 담임이었다. 진우가 사고를 친 뒤 징계 절차를 밟을 때 벌어진 일이었다.

"제가 잘못한 건 알고 있거든요. 그때 제가 사고 쳐서 투아웃 상황이 됐어요. 투아웃이니까 아직 안 잘려도 되거든요. 근데 담임이 안 잘려도 되는 저를 자르라고 하더라고요. 그때 저랑 같이 사고 친 애네 담임은 달랐어요. 그 선생님은 그 애 좀 살려달라고 사정사정하더라고요. 근데 우리 담임은 저를 자르라고…… 제가 잘못은 했는데요…… 그래도 담임이잖아요."

진우는 울먹이느라 말을 잇지 못했다. 나도 차마 입을 뗄 수 없었다. 아이가 가진 상처가 고스란히 느껴졌다. 배신감과 서운함 때문에 가슴에 멍이 들어 있었던 것이다. 나는 야비한 진우가 왜 야비해졌는지, 왜 나약한 여교사들에게 더 밉상 짓을 했는지 알 것 같았다. 그리고 집에서도 학교에서도 울화를 쌓아간 진우를 한꺼번에 이해했다. 그 아이에게 내가 해줄 수 있는 말은 참 빈약했다.

"진우야, 여자애들이 선생님한테 와서 그러더라. 네가 교실에서 참 착하대. 그런 얘기 들으면 나는 좋더라. 근데 네가 사고 쳐서 내 앞에 오면 마음이 아프다."

겉모습만 봤을 때 진우는 몹시 얄미운 가해자였다. 그런데 속내를 들여다보니 안팎으로 상처를 입고 몹시 사나워진 맹수 같은 아이였다. 어머니의 불안을 해소시켜야 한다는 책임감 때문에 더 불안해지고, 믿었던 선생님에게 당한 쓰라린 배신 때문에 신뢰를 잃어버린 아이에게 도대체 어떤 모습을 기대할 수 있을까. 상처가 깊은 맹수가 할 수 있는 일이란 이빨을 드러내며 으르렁거리는 것밖에 없다. 그 상처는 보지 않고 으르렁거리는 태도만 탓한다면 진우 같은 아이는 더 사납게 날뛰다가 제풀에 쓰러지고 말 터였다.

빈약하기 짝이 없는 내 말에 그래도 위안을 받은 것일까. 아니면 제 상처를 드러내고, 아픔을 인정받은 사실 하나만으로도 분노를 가라앉힌 것일까. 그 뒤로 진우는 단 한 번도 말썽을 일으키지 않았다. 그리고 아웃 당하지 않고 무사히 졸업했다. 아버지가 원하던 고등학교에도 무난히 입학했다.

그것만으로도 나는 진우가 기특하다 못해 고맙기만 했다. 고등학교에 들어간 뒤 선배들과 마찰을 일으켜 심하게 두들겨 맞았다는 소문, 나머지 학교생활은 스스로를 격리시킨 '자따'처럼 보냈다는 소문이 간간히 들려왔지만 내 뇌리에 오래 남아 있지는 않았다. 내게는 당장 눈앞에서 부딪치고 돌봐야 할 새로운 아이들이 벅찰 만큼 많았으니까.

오랜 시간이 지난 뒤에야 그때 내가 진우의 아픈 부분을 제대로 들춰서 치유해주지 못했다는 사실을 깨달았다. 그랬다면 진우가 이후에 겪을 시행착오를 줄일 수도 있지 않았을까……?

그렇지만 그때 나는 아직 진우가 아픈 곳이 어딘지 정확하게 짚을 만한 능력도, 여력도 없었다.

얌전하던 그 아이는 왜 유리창을 깼을까

용준이는 좀처럼 눈에 안 띄는 아이였다. 우리 반이니 얼굴과 이름은 알았지만 평소에 너무 조용히 지내는 아이라서 솔직히 얘기하자면 잊고 지낸 순간이 더 많았다. 그해 여름 방학 때 우리 반 아이들과 함께 학교 운동장에서 캠핑을 하며 노는 기회가 있었다. 그렇게 어울리는 시간이면 웬만하면 그동안 거리가 있던 아이들과도 가까워지기 마련인데 용준이는 아니었다. 그때도 나는 그 아이를 한 번도 주목하지 않았다. 아니, 주목할 기회가 없었다. 그만큼 용준이는 내 시야 밖에 머무는 아이였다.

그런데 어느 날 점심시간에 우리 반에서 유리창이 깨졌다는 소식이 날아왔고, 사건의 주인공이 용준이라고 했다. 허겁지겁 교실로 가면서도 나는 내내 의아했다. 전교짱 진우도 아니고, 일진급 녀석들도 아니고 용준이라니. 곤히 잠든 한밤중에 느닷없이 기습을 당한 느낌이었다.

교실에 가보니 아이들 몇이 깨진 유리를 치우고 있었다. 용준이는 깨진 유리에 긁혀 상처가 난 손을 치료하러 가고 없었다. 나는 한 아이에게 물었다.

"뭐가 어떻게 된 거니?"

"그게…… 용준이가 갑자기 체육복을 손에 둘둘 감더니 유리창을 깨버렸어요."

아무래도 의문이 풀리지 않아서 늘 까불까불 잘 노는 남자아이 하나를 불러서 다시 물었다. 일진에 속하지는 않지만 힘 좀 쓴다고 알려진 아이라서 내막을 더 자세히 알 것 같았다.

"그 자식 또라이예요. 갑자기 욱하더니 유리를 깨더라고요."

그런 식으로 물어서 대답을 모아본 결과 진우가 연관되어 있었다. 진우는 그저 장난삼아 용준이를 건드렸다고 한다. 그럴 때 보통 다른 아이들은 피식 웃고 마는데 용준이가 버럭 화를 냈다는 것이다. 당황한 쪽은 진우였다. 뜻밖의 반응에 놀라기도 하고 무안하기도 해서 짐짓 엄포를 놓았단다.

"이게 어디서 감히 나한테 덤벼!"

그러자 용준이가 마침 갈아입으려고 들고 있던 체육복을 주먹에 감더니 유리창을 깼다는 것이다. 그 바람에 놀란 아이들은 진우부터 말렸다고 한다. 행여 진우가 사건을 더 크게 확대시킬까 봐 걱정이 된 것이다.

용준이가 이상하게 여겨지기는 나도 마찬가지였다. 아무리 생각해도 그럴 아이가 아니었다. 아이들이 들려준 상황을 모아서 되짚어보아도 그렇게까지 격하게 반응할 일은 아닌 것 같았다. 나도 모르게 한숨이 새어나왔다. 안 그래도 말썽꾸러기들이 많은 마당에 생각지도 않았던 문제아 하나가 새로 등장하는 게 아닌가 싶은 마음이 절로 들었다. 더구나 용준이에 대해서 아는 게 없는 터라 어디서부터 어떻게 접근해야 할지 막막하기만 했다.

아무튼 학교 기물을 파손했으니 그냥 넘어갈 일은 아니었다. 나는 치료를 마치고 온 용준이를 불러서 물었다.

"왜 그랬니?"

"……."

"용준아, 왜 그랬는지 얘기해봐."

"……."

용준이는 대답하지 않았다. 대답하지 않겠다는 고집이나 의지로 반항하는 게 아니었다. 그렇다고 화가 난 상태니 말을 걸지 말라는 표정도 아니고, 알아서 제 마음을 헤아려달라는 내색을 비치지도 않았다. 그저 아무 의욕이 없는 사람처럼 보였다. 나는 더 다그치지 않고 말했다.

"아무튼 네가 기물을 파손했으니 그냥 넘어갈 수는 없다. 집으로 연락해야 해."

용준이는 이번에도 가만히 있었다. 그 흔한 변명 한마디 하지 않았다. 나는 하는 수 없이 용준이를 남겨놓고 자리를 옮겨 용준이 아버지에게 전화를 했다. 용준이 부모님이 이혼했다는 사실을 안

것도 그때였다. 용준이는 아버지와 함께 살고 있었다. 나는 자초지종을 설명했다.

용준이 아버지도 놀란 눈치였지만 무척 깍듯하고 정중하게 대답했다.

"죄송합니다. 애를 맡겨놓고 한 번도 관심을 못 가졌습니다. 학교에 잘 다니기에 크게 신경을 안 썼습니다. 참, 그런데 우리 애 성적이 어떻습니까? 꼭 가야 할 고등학교가 있는데 가능한지 모르겠습니다."

잠시 말문이 막혔다. 아들이 말썽을 부렸다는 통화를 하는 중에 아버지가 성적 문제를 꺼낼 거라는 예상은 하지 못했기 때문이다.

"……성적은……조금 더 지켜봐야 할 것 같습니다. 실례 되는 질문인지 모르겠지만 아버님께서는 혹시 일찍 퇴근하시는 편인가요?"

"그야 뭐, 일찍 들어가는 날도 있고…….."

"평소에 용준이랑 대화는 자주 하시는지요?"

"글쎄요. 저는 한다고 합니다만, 뭐 남자들끼리 무슨 말이 그렇게 필요하겠습니까?"

"그럼 또 다른 식구는 누가 있나요?"

"아들놈이 하나 더 있습니다. 용준이 동생이죠."

"네. 용준이는 집에서 어떻게 지냅니까?"

"집에 있는 시간이 얼마나 되겠습니까? 학교에 있는 시간이 더 많겠죠."

"용준이랑 남동생은 사이가 좋은가요?"

"글쎄요……. 두 녀석 다 말이 없어서……."

몇 마디 안 되는 대화였지만 용준이의 생활을 짐작하고도 남았다. 용준이는 철저히 혼자 살아온 아이였다. 집에서도 학교에서도 그저 조용히 지내는 아이. 성격도 성격이지만, 용준이는 얘기할 상대가 없어서 조용할 수밖에 없는 아이였다. 말수가 적은 게 아니라 말을 할 기회가, 대상이 없었던 것이다. 아버지는 그런 아들의 상태를 전혀 모르고 있는 듯했다.

입 밖으로 꺼내서 말을 하지 않는다고 해서 할 말이 없는 건 아니다. 말로 내뱉고 싶은 생각이 없는 것도 아니다. 하물며 용준이 같은 아이는 하고 싶은 말이 누구보다 많을 터였다. 한창 섬세하게 보살핌을 받아야 할 시기에 혼자라는 느낌에 휩싸여 사는 것만큼 외로운 일이 또 있을까?

나는 진심을 담아서 용준이 아버지에게 부탁했다.

"그렇게 말수 적고 조용한 녀석이 사고를 쳤다고 하니 많이 놀라셨죠?"

"용준이한테 그런 면이 있는 줄은 솔직히 몰랐습니다. 정말 죄송합니다."

"제 생각에는 용준이가 엄마 손이 필요한 때인데 돌봐줄 사람이 없어서 쌓인 게 많은 것 같아요. 아버님이 대신 잘 좀 살펴주세요."

"제가 먹고살기 바빠서 애를 살필 틈이 없네요. 애한테 큰 관심을 쏟을 수가 없습니다. 선생님이 잘 좀 봐주십시오."

그 말끝에 전달되던 느낌은 지금도 생생히 기억하고 있다.

'나도 힘들어 죽겠습니다. 지금 그것까지 살필 여유가 없군요.'

가슴이 답답했다. 분명 대화를 했는데 소통한 느낌이 없었다. 용준이와 아버지 사이에 한 번이라도 정감 어린 얘기가 오갔을까, 의문이 들었다.

나는 다시 용준이에게 돌아갔다. 용준이는 덤덤한 얼굴로 그 자리에 가만히 앉아 있었다.

"용준아, 아버지랑 통화했어."

"……."

"아버지는 네가 잘되기를 바라고 계시더라."

"……."

"집에서 식구들이랑 얘기는 잘하니?"

"……."

"동생이랑은 친하게 지내?"

"……."

용준이는 대꾸를 거의 하지 않았다. 하지만 대답 없는 용준이가 이제는 이상하지 않았다. 그저 안쓰러울 뿐.

"용준아, 아버지랑은 어때?"

"무서워요……."

대답을 바라지 않고 던진 질문에 용준이가 그렇게 말했다. 내용은 차치하고, 그저 아이가 입을 열었다는 것만으로도 반가웠다.

"왜? 아버지가 왜 무서워?"

"결과만 가지고 얘기하기 때문에……."

"그렇구나. 아버지가 엄하시구나. 그래도 네가 잘되기를 바라서 그러실 거야."

"……."

용준이는 다시 입을 다물었다. 나는 간발의 차이로 놓친 버스를 세우려는 심정으로 말했다.

"용준아, 하고 싶은 얘기가 있으면 해. 누구에게든 해."

"……."

"학교에서는 친구들이랑 얘기하고 집에 가면 동생이랑 얘기하는 거야, 알겠지?"

"……."

"화가 나면 나는 대로, 기분 좋으면 좋은 대로 바로바로 표현하면서 지내봐."

"……."

그날 용준이의 입은 두 번 다시 열리지 않았다.

그 뒤 나는 틈날 때마다 용준이를 살폈다. 일부러 용준이를 불러서 발표를 시키기도 했다. 짐짓 지나가는 길인 것처럼 스치며 말을 걸 때도 있었다. 어깨를 툭, 치며 장난도 시도해보았다. 그렇지만 용준이는 끝내 말을 아꼈다. 언제나 무덤덤하고 쑥스러운 표정만 지을 뿐이었다. 내가 접촉을 시도할 때마다 싫은 내색은 아니지만 꺼리는 느낌을 더 강하게 풍겼다. 정말이지 자기를 내버려두라고 소리 없이 외치고 있었다.

용준이 앞에서 나는 무기력하기 짝이 없었다. 아무 말도 하지 않는 아이에게 내가 해줄 수 있는 게 없었다. 용준이는 제 심정을 알아주는 사람 없이 너무 오랫동안 방치된 아이였다. 아무도 알아주지 않는 심정 같은 건 아예 드러내지 않기로 작정해버린 아이였다. 용준이는 자신을 밖으로 표출하는 대신 스스로 동굴을 파고 그 안으로 숨어버리는 쪽을 택했다. 그리고 그 동굴은 이미 너무 깊고 어두웠다. 그 앞에서 나는 겨우 위태로운 촛불 하나 들고 서 있는 수준이었고, 그 촛불로는 용준이가 웅크린 동굴의 입구도 다 비추지 못했다.

세상에서 가장 조용하고 착한 용준이는, 딱 한 번 그래도 살아 있다는 듯 말썽을 일으키고 그렇게 다시 침잠해버렸다.

자신이 아프다는 사실을 스스로 인식하든 못하든 아픔을 표현하는 방식에는 두 가지가 있다. 진우처럼 발톱을 내밀고 으르렁거리며 '나, 건드리지 마!'라고 절규하는 방식이 그 하나다. 그리고 나머지 하나는 용준이처럼 혼자 끙끙 앓으며 속으로 곪아 들어가는 방식이다. 누가 더 아픈지, 누가 더 오래 아플지, 누가 더 치유가 빠를지 그건 알 수 없다. 다만 그게 '아픔'의 표현이라는 사실부터 알아주는 게 중요한 일이다.

용준이가 처음으로 '끙', 하고 신음 소리를 냈던 유리창 사건은 내게 울림이 컸다. 그리고 사고를 쳤다는 아들 소식에 성적부터 묻던 아버지를 오랫동안 이해할 수 없었다.

왕따 경험이 남긴 상처

정연이는 학교생활을 매우 성실하게 하고 공부도 열심히 하는 아이였다. 성격도 온순해서 선생이 시키면 무슨 일이든 싫은 내색 하나 없이 척척 해냈다. 싫은 내색은커녕 심부름이면 심부름, 청소면 청소, 기대 이상으로 잘하는 아이였다. 집안 형편은 부유하지 않았지만 그렇다고 딱히 부족하지도 않은 수준이었다.

착하고 성실한 정연이를 선생들은 모두 예뻐했다. 그러나 예쁜 만큼 안타까운 마음도 자아내는 아이였다. 노력에 비해 성적이 그다지 좋지 않아서였다. 열심히 공부하는 태도로만 평가하면 서울대를 가고도 남아야 하는데 실상은 실망스럽기 그지없었다. 내가 담임을 맡기 전 해에 정연이를 맡았던 동료도 그 점을 무척 안쓰러워했다.

"정연이처럼 무던히 파고드는 애도 없어요. 정말 열심히 하는데 실제로 문제는 못 풀어요. 공부 요령이 없는 것 같기도 하고. 이런 말은 좀 그렇지만 머리가 따라주지 못하는 게 아닌가 싶어서 안타깝기도 하고 그래요. 애는 더없이 착하고 예쁜데."

내 눈에도 정연이는 딱 그렇게 보였다. 착하다 못해 뭐든 시켜주는 걸 오히려 고맙게 여기는 아이 같았다. 정연이가 청소를 하고 난 자리는 반짝반짝 빛이 났고, 수업 시간에는 선생인 나에게 눈길을 떼지 않고 열중했다. 그런데도 성적은 좋지 않았다.

나는 '좋은 머리'를 그다지 신뢰하지 않는 편이다. 아무리 머리가 좋은 사람도 열심히 하는 사람을 끝내 이기지 못한다는 사실을 익히 보아온 터였으니까. 그런데도 정연이를 보면 나도 모르게 그 아이의 지능을 의심하게 되었다. 그건 그만큼 정연이가 열심히 노력한다는 반증이기도 했다.

그런데 그런 내 의심은 잘못된 거였다. 정연이가 공부를 못한 건 결코 머리 탓이 아니었다.

어느 날 나는 정연이가 속한 학급 소모임에서 '인생 곡선 그리기'라는 프로그램을 진행했다. 말 그대로 각자가 경험한 삶의 침체기와 상승기를 시기에 따라 그래프로 표현해보는 프로그램이다.

정연이가 그린 인생 곡선이 유독 눈에 띄었다. 초등학교 중반에 접어든 시기부터 곡선이 바닥에 닿아 있었다. 갓 열 살을 넘긴 아이가 무슨 풍파를 겪었기에 그런 곡선이 나오는지 의문이 들었다. 낮게 깔린 곡선은 중학교 때까지도 그 상태로 유지되고 있었다. 그러다가 고등학교 1학년 때 살짝 고개를 들더니 고등학교 2학년에 이르자 가파르게 상승했다. 상승 곡선이 진행되는 시기를 보자 나도 모르게 마음이 놓였다. 그때가 바로 정연이가 우리 반이 되어 우리 반 아이들, 그리고 나를 만난 시기였기 때문이다.

나를 만나고부터 아이가 행복해졌을지도 모른다는 자부심에서 비롯된 안도감은 아니었다. 그날 정연이가 그린 인생 곡선이 나를 만난 시점부터 곤두박질쳤다면 반대로 내 가슴이 철렁 내려앉았을 것이다. 내가 그 아이를 불행하게 만들지 않았다고 해도 내려앉는 가슴은 어쩔 수 없을 터였다.

아이들의 상황이 좋으면 내 덕이 아닌데도 내 덕인 것처럼 뿌듯하고, 상황이 나쁘면 내 탓이 아닌데도 내 탓인 것처럼 전전긍긍하게 되는 증상. 그 증상은 한동안 나를 붙잡고 놓아주지 않았다. 특히 아이들에게 문제가 생겼을 때 반사적으로, 반복적으로 엄습하는 두려움과 불안은 내 건강을 심각하게 위협하기도 했다. 아이들의 상황에 따라 부화뇌동하는 그 마음의 정체가 다름 아닌 내 욕심이라는 사실을 제대로 깨닫기 전의 일이었다.

그나저나 정연이에게 무슨 일이 있었기에 그렇게 오랜 침체기가 있었던 걸까?

"왕따를 당했어요⋯⋯."

정연이는 낮은 목소리로 입을 열었다. '왕따'라는 단어를 듣자마자 모든 의문이 한꺼번에 풀리는 것 같았다. 그리고 그동안 정연이가 보인 모습이 한 줄에 꿴 구슬처럼 맥락을 갖추기 시작했다. 늘 자신감 없던 모습, 비록 심부름이라도 말 걸어주고 관심 가져주면 기뻐하던 모습, 슬퍼도 힘들어도 제대로 표현 못하던 모습, 언제나 괜찮다고 하던 모습…….

"이유는 잘 모르겠어요. 초등학교 때부터 당했는데 힘들어서 중학교는 다른 지역으로 가고 싶었어요. 근데 그럴 수 없었어요. 중학교 때도 초등학교 때 왕따 시키던 애들이 그대로 있었어요. 그래서……."

그 뒤의 이야기는 듣지 않아도 알 수 있는 거였다. 정연이는 중학교 때에도 지속적으로 따돌림을 당했다. 그리고 하루하루 견디는 게 그 아이의 삶이 되었다. 너무 튀지 않아야 하고, 있는 듯 없는 듯 존재해야 하고, 힘들어도 힘들다는 표현을 해서는 안 되고, 울고 싶어도 꾹꾹 참으며 견뎌내야 하는 삶.

정연이는 제가 따돌림 당한 이유를 모르겠다고 했지만 나는 알 것 같았다. 착하다 못해 어리숙한 그 아이의 성정 때문일 터였다. 착함은 곧 약함과 같은 뜻으로 해석해도 무리가 안 되는 시대다. 약한 존재가 공격에 취약한 게 어제 오늘의 일은 아니다. 하지만 분노와 억눌림에 휩싸여 살아가는 사람들이 그 어느 때보다 많은 게 요즘 세상이다. 특히 학교는 그 대표적인 공간이다. 짓눌린 감정을 터뜨릴 대상을 찾아 두리번거리는 아이들은 너무나 많고, 결국 가장 약한 고리를 공격하기 마련이다. 정연이처럼 약하디 약한 고리.

약한 존재는 언제부터 보호받아야 할 대상에서 공격하기 쉬운 대상으로 바뀌었을까? 학교라는 울타리 안에서, 공격하는 쪽과 공격당하는 쪽 가운데 누구에게 책임을 물어야 할까? 새삼스럽게 그런 분석을 하고 싶은 마음은 없다. 그 분석의 끝을 파고들면 아이들 탓으로 돌릴 일은 아니라는 결론이 나온다는 것을 이제는 누구나 알고 있으니까.

책임의 무거움으로 따지자면 나도 결코 자유로울 수는 없다. 비단 그런 책임감 때문이 아니라도 나는 실질적인 대안을 찾고 싶었고 지금도 감히 최선을 다해 찾고 있다. 정연이 같은 아이들이 어떤 상태에 놓여 있는지 있는 그대로 아는 것도 대안의 출발점이 될 거라고 믿는다.

이쯤에서 나는 정연이를 두고 한때 머리가 나빠서 공부를 못할지도 모른다고 의심했던 자신을 깊이 반성한다. 지능지수가 아무리 높아도 정연이처럼 심한 따돌림을 당하면 공부를 잘하기 힘들기 때문이다. 더구나 정연이처럼 마음이 약한 경우는 더더욱 그렇다. 정연이에게 학교는 수업을 듣고 학업을 성취하는 배움의 전당이 아니라 어떻게든 하루하루 무사히 살아남아야 하는 생존의 공간이다.

이를테면 정연이는 땅이 바짝 마르는 건기에 물웅덩이를 찾아가는 초식동물과 같은 심장을 지닌 아이다. 어쩔 수 없이 물가를 찾지만 언제 어디서 나타나 목숨을 위협할지 모르는 사자나 표범, 악어를 경계하느라 늘 두근거리는 심장 말이다. 그런 처지에 놓인 사람이 두리번거리는 일 말고 또 무엇을 할 수 있을까. 오로지 살아남기 위해 분주히 눈치를 보는 사람의 귓가에 대고 온종일 구구단을 가르친들 2단이라도 외울 수 있을까?

정연이는 겉으로는 열심히 수업을 들었지만 머릿속은 늘 다른 데 촉각을 곤두세우고 있는 아이였다. 남들이 보기에 열심히 공부하는 모습도 사실은 잔뜩 주눅이 들어 두리번거리는 마음의 다른 표현이었을 뿐이다. 그런 아이를 두고 머리가 나빠서 공부를 못한다느니 어쩐다느니 하는 타박은, 하루하루 쓰러지지 않고 버티느라 고단한 영혼에 가하는 모욕에 지나지 않았던 것이다.

정연이처럼 따돌림 받은 상처가 있는 자식을 둔 부모는 교사와 상담할 때 여느 부모와는 다른 모습을 보인다. 특히 성적 문제를 크게 개의치 않는다. 자식이 겪는 아픔을 가장 가까이에서 지켜보는 처지이니 어쩌면 당연한 일이다.

정연이 어머니를 처음 만났을 때도 그랬다. 지나치다 싶을 만큼 조심스럽고 조용했다. 아이를 잘 보살펴달라는 의례적인 부탁도 제대로 하지 못했다. 자식의 성적 얘기며 성장 얘기를 낱낱이 하고 적극적으로 진학 상담을 요청하는 부모들과는 거리가 있는 모습이었다. 자식의 상처와 아픔을 지켜보느라 어머니마저 주눅이 들어버린 것 같았다. 그런 어머니의 눈에 자식의 성적이 들어올 리 없었다. 공부야 뭐 잘하면 좋겠지요, 라고 어느 얘기 끝엔가 조그맣게 말한 게 전부였다. 나는 그런 어머니 앞에서 진심으로 정연이를 칭찬해주었다.

"정연이는 정말 성실하고 예쁜 아이입니다. 어디를 가든 사랑을 듬뿍 받는 사람이 될 테니까 걱정하지 마세요."

다행히 정연이는 차츰 안정을 찾아가는 것 같았다. 학급 소모임에서 만난 친구들과도 꽤 잘 어울리기 시작했다. 다만 감정 표현에는 여전히 서툴렀다. 여태 제 감정 상태가 어떤지 알아차릴 겨를이 없었으니 그럴 수밖에. 눈치로 보아 나를 퍽 좋아했던 것 같은데, 애교 한 번도 부리지 못했다. 그런 정연이가 어느 날 수줍은 목소리로 털어놓은 마음을 나는 지금도 기억한다.

"저는 지금이 참 좋아요. 소모임 하면서 친구도 생기고, 얘기할 사람도 생기고……."

나야말로 고맙고 좋았다. 정연이가 그동안 견뎌주어서, 잘 버텨주어서, 포기하지 않고 끝내 교실에 남아주어서.

아픈 아이들, 그 속에 내가 있었다

진우, 용준이, 정연이……. 저마다의 사연으로 많이 아팠던 아이들. 그리 길지 않은 교직 생활을 하면서 그 아이들 말고도 아픈 아이들을 나는 숱하게 만났다. 아니, 정도의 차이일 뿐 어딘가 조금씩 아프지 않은 아이들이 없었다.

겉으로 보기에는 부족함이 없는 아이들도 아프다. 지나친 부모의 욕심과 기대 때문에 무기력하다 못해 아픈 아이들도 있다. 부모가 바라는 틀과 잣대에 맞추지 못해서 좌절하는 아이들도 있다. 아프고 좌절한 아이들은 점점 나약해진다. 그 또래의 특권으로 알려진 반항도 제대로 못하는 아이들이 점점 늘어간다. 제 의지로 제 꿈 하나 갖지 못할 만큼 나약하다. 그래서 막연히 부모의 직업을 세습하겠다는 생각을 꿈으로 대체하기도 한다. 세무사의 아들은 세무사가 꿈이고, 회사원의 딸은 회사원이 되는 게 꿈이라고 한다.

몸이 아니라 마음을 찍는 CT가 있다면 우리가 몰랐던 아이들의 아픔이 더 선명하게, 더 다양하게 드러날 것이다. 그걸 알면서도 나는 오랫동안 그 아픔을 어루만져줄 방법을 알지 못했다. 그저 안쓰러워하고 안타까워하고 발을 동동 구르는 일 말고 내가 취할 수 있는 방법을 몰라서 그 방법을 꼭 찾고 싶었다. 그리고 그걸 찾아가는 길 위에서 나는 어쩔 수 없이 나 자신의 아픔과 직면해야 했다. 내 아픔을 직면하지 않고는 치유할 수 없고, 내 아픔을 치유하기 전에는 아이들의 아픔을 만져줄 수도 없다는 사실을 어렴풋이 알게 되었다.

나는 철들기 전에 이미 가난이 낳은 불행의 실체를 알아차린 아이였다. 부모님은 못 배우고 못 가진 사람들끼리 만나서 서울로 흘러든 시골 출신들이었다. 그래서 자연스럽게 도시 빈민의 행렬에 섞여든 경우였다.

대다수 도시 빈민이 그렇듯이 우리 부모님도 무슨 일이든 닥치는 대로 하며 생활을 꾸려갔다. 노량진 언덕배기에서 조그만 구멍가게를 운영하기도 하고, 밤부터 새벽까지 평화시장에 나가 옷가지를 파느라 낮밤을 거꾸로 살기도 하고, 변두리에 옷가게를 차려 여성 의류며 양말, 스타킹 따위를 팔기도 하고, 분식점을 열기도 하고…….

문제는 그 가운데 어느 업종에서도 이렇다 할 재미를 보지 못했다는 거였다. 재미는커녕 3남매를 먹이고 교육시키기에도 턱없이 부족한 수입에 늘 허덕였다. 빚으로 물건을 사서 빚도 못 갚는 적자 생활이 되풀이되면서 허름한 집에는 하루에도 몇 번씩 일수꾼들이 들이닥쳐서 문을 쾅쾅, 두드려댔다.

그럴 때마다 언니와 오빠, 그리고 나는 몸을 잔뜩 움츠리며 두려움에 떨었다. 그다음에 이어질 상황이 불을 보듯 환해서였다. 제 날짜에 돈을 받지 못한 빚쟁이들은 다짜고짜 쳐들어와 부모님에게 고함을 지르고 삿대질을 해댔다. 그 앞에서 부모님은 나라를 팔아먹은 죄인처럼 고개를 수그린 채 가망 없는 약속과 변명을 되풀이했다. 그럴수록 분을 삭이지 못한 빚쟁이들은 온갖 협박과 위협을 퍼부었고, 그 모습을 지켜보는 우리 3남매는 두려움과 공포심으로 간이 오그라드는 것만 같았다. 화가 치솟을 대로 치솟은 사람들이 당장이라도 부모님을 해코지할 기세였고, 집안을 난장판으로 만들 것 같았기 때문이다. 상상만으로도 끔찍한 장면이 머리를 스치는 동안 나는 금세라도 터질 듯한 울음을 꾹꾹 눌러 참아야 했다.

그나마 부모님이 직접 나서서 대처할 때는 조금 나았다. 문 두드리는 소리가 들릴라치면 아무 대책 없는 부모님은 한숨을 내쉬다가 우리를 보며 무언의 눈짓을 할 때가 많았다. 그 눈짓에 담긴 뜻을 우리 3남매는 익히 알고 있었다.

'나가서 엄마, 아빠 없다고 해라.'

그럴 때마다 우리 남매는 서로 못 본 척 얼굴을 돌렸다. 얼굴 마주하기도 두려운 빚쟁이 앞에서 들킬지도 모르는 거짓말을 하는 순간은 정말이지 지옥문 너머를 들여다보는 심정이었으니까. 아무리 그래도 누군가는 그 임무를 수행해야 한다는 걸 알고 있었고 막내인 나라고 해서 예외는 아니었다.

그런 날들이 하루가 멀다 하고 이어졌다. 그보다 더 견디기 힘든 일이 있었다. 사흘이 멀다 하고 부모님이 벌이는 부부 싸움이었다.

갑자기 부모님의 언성이 높아지는 시간은 대개 내가 한창 잠에 빠져든 새벽이거나, 학교에서 돌아올 무렵이었다. 싸움의 발단이 무엇인지 나는 잘 몰랐다. 고함과 맞고함이 부딪치고, 물건들이 이리저리 날아다니는 시점에야 새벽잠에서 깨어나거나, 학교에서 돌아와 집안으로 들어서기 일쑤였으니까.

부모님의 싸움 한복판에 서서 어찌할 바를 모르고 서성이는 것은 빚쟁이한테 가서 거짓말을 하는 것보다 백배는 더 가슴 철렁한 일이었다. 화가 나서 얼굴이 벌겋게 달아오른 부모님은 현재와 과거를 두서없이 오가며 맺히고 쌓인 이야기를 퍼부어댔고, 서로 한마디도 지려고 하지 않았으며, 팽팽하게 대치한 상태에서 한 발자국도 뒤로 물러서려 하지 않았다. 그렇게 악을 써도 성이 풀리지 않으면 손에 잡히는 대로 물건을 집어던졌다. 심지어는 몸싸움도 서슴지 않았다.

그런 싸움이 벌어질 때마다 나는 두려움보다 더한 불안감에 시달렸다. 그러다가 어느 한쪽이 다치는 건 아닌지, 그 싸움이 영원히 계속되는 건 아닌지, 끝없이 계속되는 동안 나 혼자 그 상황을 감당해야 하는 건 아닌지…….

그러나 그 무엇보다 겁이 나는 건 버림받을지도 모른다는 불안감이었다. 부모님 중 한 분이 집을 나가서 영영 돌아오지 않을지도 모른다는 불안감, 내가 잠든 사이에 어머니가 언니와 오빠만 데리고 멀리 사라져버릴지도 모른다는 불안감이 그거였다. 3남매 가운데 유독 아버지를 많이 닮았다는 소리를 듣고 자란 터라 언제부턴가 그런 불안감이 생긴 터였다. 어머니가 끝내 집을 떠난다면 아버지가 싫어서일 텐데, 그 길에 아버지를 빼닮은 나를 챙길 리가 만무하다는 확신에 나는 자주 사로잡혔다. 그런 상상을 할 때마다 나는 허허벌판에 혼자 버려진 새끼 고양이처럼 막막하고 슬펐다. 그래서 부모님이 다툰 날 밤이면 깜박 잠이 들었다가도 퍼뜩 눈을 뜨고 어머니의 행방부터 찾는 버릇이 생겼다. 그때는 미처 몰랐다. 그 불안감이 내 마음속에 얼마나 깊게 새겨졌는지. 깊이 새겨진 채 얼마나 오래 내 무의식을 떨게 만들었는지.

뒷날 교사가 된 뒤 진우, 용준이, 정연이 같은 아이를 만나고 나는 그 아이들이 느끼는 불안감과 어릴 때 나를 엄습하던 불안감이 정확히 겹쳐지는 경험을 했다. 불안감을 촉발시키는 대상이 다르고, 불안감을 표출하는 양상도 달랐지만 그 아이들이 앓는 아픔의 뿌리는 모두 같은 것이었다.

경험해보지 않았다면 나도 몰랐을 터이다. 어른의 불안감이 얼마나 아이들에게 잘 스며드는지, 그리고 그 불안감이 얼마나 아이들을 두려움에 떨게 하는지, '불안은 영혼을 잠식한다'는 표현은 얼마나 적절한지…….

힘겹고 무섭고 불안하면 고개를 돌리고 싶은 게 인지상정일까.

진우가 거친 행동 쪽으로 고개를 돌리고, 용준이가 침묵 속으로 침 잠하고, 정연이가 순응하는 방식을 택한 것처럼? 나는 어땠나. 버 림받을지도 모른다는 두려움을 안고 사는 한편, 역설적이게도 나 는 끊임없이 집에서 벗어나고 싶었다. 가난해서 늘 빚쟁이가 찾아 오는 집, 가난한 것도 힘든데 허구한 날 무섭도록 싸우는 부모님이 있는 집. 가난하기 때문에 싸울 수밖에 없는 현실을 그때는 이해할 수 없었다. 집은 점점 더 불편한 곳으로 변해갔다. 너무 권위적인 모습으로만 비치는 아버지가 있는 집, 항상 나보다 언니를 더 지극 하게 챙기는 것처럼 보이는 어머니가 있는 집, 그런 집이 구질구질 하고 지긋지긋했다.

그런 집이 싫어서 나는 오히려 학교가 편하고 좋았다. 학교에서 는 세상 고민이라고는 없는 얼굴로 천진하게 놀았다. 집에서 겪은 일은 티끌만큼도 내색하지 않았다. 다른 아이들보다 더 명랑하게, 더 씩씩하게, 더 밝게 굴었다. 그러다가도 막상 집으로 돌아가려고 만 하면 발걸음이 그렇게 무거울 수가 없었다. 무거운 걸음으로 집 을 향하는 날이 많아지면서 내 머릿속에 꿈 아닌 꿈 하나가 자리 잡기 시작했다.

스스로 집을 떠나는 것.

불편하고 불행한 집에서 벗어나기만 하면 내 인생에 당장 환한 햇살이 비칠 것 같았다. 그래서 아무도 몰래 그 꿈을 키워갔다. 그 꿈을 실현할 합법적(?)이면서도 현실적인 방법은 대학 진학이었다. 집이 있는 서울에서 멀리 떨어진 지방 대학으로 진학하는 것.

그러나 나는 대학 입시에서 연거푸 떨어졌고 3수 생활을 했다. 스무 살이면 떠날 수 있을 거라 여겼던 계획은 2년이 더 미뤄졌다. 미뤄진 2년 동안 내 꿈은 더 단단해졌고, 그 꿈이 이루어질 때 느끼게 될 행복감과 환희를 상상하노라면 가슴이 벅찰 지경이었다.

마침내 꿈을 이루었다. 지방 대학에 당. 당. 히. 합격하여 떳떳하게 집을 떠나게 된 거였다. 드디어 행복의 문이 열리는가 싶었는데, 그건 내 허망한 착각이었다.

막상 집을 떠나 대학에 갔는데도 행복은 보이지 않았다. 집을 떠난 생활은 곤궁하고 외롭기만 했다. 오래 꿈꾸던 일이었는데 생각만큼 행복하지 않아서 더 힘이 빠졌다. 그 뒤로도 오랫동안 행복은 나를 찾아오지 않았다. 대학을 졸업하면, 졸업하고 교사가 되면 행복할 거라고 믿었지만 그마저도 빗나갔다. 행복은커녕 교사가 된 뒤에는 더 많이 아팠다. 나중에야 알았지만 그건 당연한 일이었다. 행복은 어느 날 느닷없이 오지 않는다는 걸 그때 나는 몰랐다. 아니, 행복은 오거나 가는 게 아니라는 걸 몰랐다. 그리고 해묵은 아픔을 치유하지 않고서는 행복을 맛볼 수 없다는 걸 몰랐다. 무엇보다 내 아픔을 어디서 어떻게 치유해야 하는지 그 방법을 몰랐다.

지금쯤이면 내가 프롤로그에서 언급했던 그 '무엇'이 과연 무엇을 뜻하는지 눈치채셨으리라 믿는다. 아이들 모두가 공통으로 앓고 있는 그것, 바로 마음이었다. 아이들뿐만 아니라 나도 그 '마음' 때문에 오래 힘들었던 것이다.

교사가 되고 한참 시간이 흐른 뒤, 내가 마음과 만나고, 마음을 공부하던 어느 날 내 안에 깊이 자리 잡고 있던 장면 하나를 보았다. 참 오랫동안 갇혀 있던, 아니 스스로 유폐시켰던 마음이었다. 내 스스로 까맣게 지워버렸던 그 장면이 한 시간 전 일처럼 생생하게 떠올랐다.

시간은 새벽이고 장소는 어릴 때 살았던 초라한 방이었다. 새벽빛이 어슴푸레하게 비쳐 드는 방에서 설핏 잠이 깬 나는 다섯 살 무렵의 꼬마였다. 잠에서 깬 내 눈에 어렴풋하게 들어온 건 어머니 모습이었다. 어머니는 윗목에서 어깨를 잔뜩 웅크린 채 앉아 있었다. 그리고 어머니 옆에 가방 하나가 놓여 있었다!

갑자기 두려움에 휩싸인 나는 다짜고짜 일어나서 어머니에게 매달렸다. 매달려서 엉엉 울며 소리쳤다.

"엄마, 나도 데리고 가! 나만 놔두고 가지 말고 나도 데리고 가!"

그 장면이 떠오른 순간 나는 곧바로 어린 아이의 모습으로 등장한 내 마음을 읽었다. 아버지와 다투고 어머니가 도망가 버릴지도 모른다는 불안감, 아버지를 쏙 빼닮은 내가 미워서 나만 버리고 갈지도 모른다는 두려움……. 가방을 챙긴 채 웅크리고 있는 어머니의 모습은 그 무렵 내가 종종 느끼던 두려움을 현실화시키는 것이었다.

왈칵 눈물이 나왔다. 어느새 다섯 살짜리 꼬마로 돌아간 나는 그때처럼 엉엉 울고 있었다. 그 꼬마가 한없이 가여웠다. 나는 울면서 그 아이의 마음을 하나하나 받아주었다.

'그랬구나, 네가 참 불안했구나. 엄마한테 버림받을까 봐 무서웠

구나. 엄마한테 잘 보이려고 눈치 많이 봤구나, 힘들었겠다⋯⋯.'

어느 순간, 나는 그 꼬마를 꼭 안아주었다. 그리고 사과했다. 그동안 한 번도 돌아봐주지 못해서 미안하다고. 그리고 다독였다. 괜찮다고. 이제 더 이상 불안해하지 말라고. 한참이 흐른 뒤에야 꼬마는 울음을 그쳤다. 그리고 비로소 마음이 놓인다는 듯 가만히 어른인 내 가슴에 머리를 기댔다. 동시에 나를 오랫동안 짓누르던 바윗덩어리 하나가 사라진 것처럼 안도의 한숨이 새어나왔다.

얼마 뒤, 한결 가벼워진 마음으로 어머니를 만나러 가는 길에 문득 의문 하나가 떠올랐다. 나는 정말로 집에서 벗어나기를 바랐던 걸까? 정말로 집이 지긋지긋해서 떠나기를 꿈꾸고 염원했을까? 어쩌면 그게 아니었을지도 모른다는 생각이 처음으로 들었다. 집을 떠나고 싶었던 게 아니라 어머니에게서 버림받을지도 모른다는 두려움이 나를 그쪽으로 몰고 간 건 아니었을까? 그 두려움이 너무 커서 차라리 내가 떠나는 쪽을 택한 건 아니었을까?

"그런 일이 있었니? 엄마는 하나도 생각이 안 난다. 그때는 하루하루 너희들 키우면서 사는 게 힘들고 바빠서⋯⋯."

내가 담담한 마음으로 그 얘기를 꺼내자 어머니는 그렇게 대답했다. 내게는 깊숙이 자리 잡은 장면이 어머니 마음속에는 없었다. 나는 다시 물었다.

"그럼 그때 나만 두고 도망갈 생각은 안 했어?"

"집을 나가버릴까, 하는 생각은 했지만 너를 두고 갈 생각은 한 번도 안 했다."

그 얘기 끝에 덧붙인 어머니의 말이 내 가슴을 뭉클하게 했다.

"그때 네가 엄마 옆에 없었다면 나는 못 살았다. 내가 어떻게 살아……."

내 오랜 불안감은 그토록 허탈한 정체를 지니고 있었다. 나는 새삼스럽게 어머니 얼굴을 살폈다. 지금도 아버지와 이따금 다투지만, 도망가지 않고 여전히 우리 곁에 남아 있는 어머니. 이제는 손자들을 살뜰하게 보살피며 여전히 그 자리를 지키고 있는 어머니. 지금 내 나이보다 더 어릴 적에 자식 셋을 키우며 험한 세월을 잘 견뎌온 어머니.

내 안의 나를 제대로 보고 화해하니 비로소 어머니의 모습도 있는 그대로 눈에 들어왔다. 나를 괴롭힌 건 어머니도 아니고 아버지도 아니었다. 나 혼자 만들고 나 혼자 키운 어떤 '마음'이었다. 마음이 지닌 어마어마한 힘을 처음으로 마주한 순간이었다.

그 뒤로 나는 차차 알아갔다. 세상에는 문제아도 없고 문제 어른도 없다는 것을. 다만 문제 마음이 있을 뿐이라는 사실을. 그렇지만 그 사실을 알게 되기까지 내 앞에는 좌충우돌하며 헤매야 할 험난한 시기가 기다리고 있었다.

2장
마음의 힘에 눈뜨다

교무실보다 교실이 더 편한 초짜 교사

2000년 9월 나는 서해안 소읍에 있는 중학교에서 교사로서 첫 발을 내디뎠다. 돌이켜보면 그때 나는 정서적으로 교사보다는 학생의 의식에 더 가까운 수준이었던 것 같다. 처음 만나는 아이들은 마치 새로 만난 친구들처럼 반갑고 익숙했지만 교무실에 앉아 있는 교사들은 어색하고 낯설기 그지없었으니 말이다.

처음에 내가 교무실이라는 공간에 선뜻 정을 주지 못한 이유가 있긴 있었다. 학교가 위치한 지역적인 특색 때문이었다. 소읍에서도 변두리에 자리한 학교이다 보니 공교롭게도 교사들이 두 부류로 나뉘어 있었다. 한 부류는 승진 점수가 필요한 경력 교사들, 그리고 또 한 부류는 나처럼 갓 부임한 신규 교사. 나는 지금 승진을 앞둔 교사들이 무기력하다거나, 신규 교사가 어설프다는 섣부른 편견을 일반화시키려는 게 아니다. 경력이 많은 교사는 풍부한 경험을 살려 후배들을 도울 수 있고, 신규 교사는 패기 있는 도전으로 교무실에 자극과 활기를 불어넣을 수 있다는 장점을 분명히 지니고 있으니까.

다만 그 학교에는 경력자와 신규 사이에서 중간 역할을 해줄 사람들이 거의 없는 탓에 교무실 분위기가 경직되고 가라앉아 있었다. 소통이 없는 공간은 답답했고 활기라고는 찾아보기 힘들었다. 그 안에서 새로운 시도를 한다는 건 아예 엄두도 낼 수 없는 일처럼 여겨졌다.

학생들이 처한 상황도 몹시 안 좋았다. 그 동네는 이전에 질 좋은 비석을 만드는 곳으로 이름을 떨쳤는데 아이엠에프(IMF) 사태에 직격탄을 맞고 말았다. 그 와중에 숱한 가정이 붕괴되었다. 부모와 함께 평범한 생활을 하는 학생이 손에 꼽힐 지경이었다. 편부 편모 슬하의 아이들이 많았고, 부모 없이 조부모 밑에서 근근이 살아가는 아이들도 여럿이었다. 그러다보니 크고 작은 사건 사고가 끊이지 않았고, 아이들은 하나같이 애정 결핍 상태였다.

애정 결핍으로 바람 잘 날 없이 말썽을 피워대는 학생들과 소통 부족으로 의욕을 잃고 침체된 교사들. 물과 기름처럼 겉돌 수밖에 없는 조건이었다. 지금 생각해보면 어느 한 편을 탓할 수 없는 처지였지만 그때 내 마음은 오로지 아이들만 향하고 있었다.

출근한 지 이틀째 되는 날부터 학교 분위기가 눈에 들어왔다. 요약하자면 학생은 교사를 욕하고, 교사는 학생을 욕하는 학교라는 느낌이 들었다. 특히 교무실에서 아이들을 성토하는 교사들의 목소리가 종종 들려왔다. 시간이 좀 지난 뒤에는 워낙 말썽 피우는 아이들이 많다 보니 그럴 수도 있겠다는 생각을 하게 됐지만 처음에는 무척이나 당황스러웠다. 교무실에 들어서면 마치 내가 교사가 아니라 야단 맞으러 온 학생처럼 주눅이 들었다.

나는 차츰 아이들과 철저히 분리된 교무실을 피해 교실에 남아 있게 되었다. 아이들이 있는 교실에 앉아 있는 게 훨씬 마음이 편했다. 이제 갓 만난 아이들이었지만 낯설지 않았다. 아이들도 나를 반겼다. 사랑을 충분히 받지 못하는 아이들이 많아서인지 교실에 머무는 나를 무척 좋아했다.

여기서 밝히고 싶은 게 한 가지 있다. 내가 무슨 정의감이나 아이들에 대한 샘솟는 애정으로 교무실 대신 교실을 택한 건 아니었다는 것이다. 그보다는 나 스스로도 지워버리고 싶은 어린 시절의 기억 한 조각 때문에 선뜻 교무실에 섞여들지 못하고 있었다. 그 일을 잊은 줄 알았는데 아마 트라우마로 남았던 모양이다.

중학교 2학년 때였다. 말했다시피 나는 공부 못하고 가정 형편 어려운 아이였다. 감히 학급 임원 같은 건 엄두도 못 내는 처지였다. 그런데 어느 날 담임선생님이 새마을부장을 뽑겠다고 했다. 새마을부장은 학급에서 폐품 수집 같은 자질구레한 일을 책임지고 맡아서 하는 자리로, 그래도 임원이라면 임원이었다. 그날 나는 무엇에 씌었는지 내가 해보겠다고 손을 들고 나섰다. 담임선생님은 나를 새마을부장으로 임명했다.

그리고 얼마나 지났을까. 어느 날 친구들과 함께 학교 밖에 나가서 군것질을 하고 있었다. 학교에서는 하지 말라고 하지만 언제나, 또 어느 학교 앞에서나 학생들이 즐기는 짓이었다. 지나가던 선생님들 눈에 띄면 학생들은 그저 잠깐 먹던 음식을 숨기는 시늉으로 용서를 구했고, 선생님들 또한 알고도 모르는 체 묵인해주는 일이기도 했다.

그날도 마찬가지였다. 수업 시작하기 전에 학교 앞에서 친구 셋과 함께 쥐치포를 사서 먹고 있는데 담임선생님이 지나갔다. 눈이 마주치는 순간 움찔, 했는데 다행히 선생님은 못 본 체하며 지나갔다. 그리고 우리 넷은 금세 깔깔거리고 종알대느라 선생님을 만났다는 사실조차 까맣게 잊었다.

우리는 이내 교실로 돌아갔다. 그런데 잠시 뒤 쉬는 시간에 선생님이 오더니 우리 넷을 앞으로 불러냈다. 그러더니 다짜고짜 뺨을 때리며 소리를 지르기 시작했다.

"건방진 것들! 감히 담임이 하지 말라는 짓을 버젓이 하고 다녀? 어디서 군것질이야, 군것질이!"

갑자기 머릿속이 텅 비고 혼이 빠져나간 느낌이었다. 예상치 못한 순간에 얻어맞은 뺨도 몹시 아팠다. 여자 선생님이긴 했지만 농구선수 출신으로 덩치가 우람하고 손도 무척 큰 사람이었다. 그 손으로 후려치니 온몸이 휘청거릴 지경이었다. 손찌검은 그 한 대로 그치지 않았다. 그러나 어느 순간부터 내가 더 아팠던 건 얻어맞는 몸이 아니라 귓가에 들려온 담임의 말이었다.

"장혜진, 네가 새마을부장이야? 쥐뿔, 뭣도 없는 게 새마을부장하겠다고 덤벼가지고 육성회도 못 꾸리게 해놓고는 기껏 하고 다니는 짓거리가 그거야? 너 때문에 내가 얼마나 곤란했는지 알아?!"

그랬다. 담임이 공부 못하고 집안 형편 어려운 나를 새마을부장으로 임명한 건 울며 겨자 먹기였던 것이다. 내가 가만히 있었으면 담임이 내심 점찍은 아이를 시켰을 테고, 그 아이를 포함한 임원진 부모를 중심으로 막강한 육성회를 꾸릴 참이었던 거다. 담임이 요청하는 일에 적극적으로 참여할 시간과 경제적인 여유가 있는 막강한 육성회 말이다.

애초에 담임선생님이 새마을부장을 맡아서 해볼 사람이 있느냐고 물었던 건 순전히 요식행위였다는 뜻이다. 물어도 하겠다고 나서는 아이가 당연히 없을 거라고 믿은 거였다. 그런데 천만 뜻밖에도 안중에도 없던 내가 손을 번쩍 들고 나선 거다. 등록금도 제때 못 내는 지지리 가난한 아이가, 궁색한 살림을 꾸려가느라 1년 가야 학교 한 번 찾아올 시간이 없는 부모를 둔 아이가 말이다. 그러나 부글부글 끓는 속내야 어떻든 자원할 사람을 먼저 물었으니 너는 안 된다, 고 거부할 명분이 없었다. 그와 함께 선생님이 세운 계획도 와르르 무너지고 말았던 거다.

그런 사연으로 나는 나도 모르는 사이에 담임선생님의 눈엣가시가 되어 있었다.

쉬는 시간 내내 선생님의 매질은 그치지 않았다. 손바닥으로 때리고, 주먹으로 때리고, 몽둥이로 때리고……. 그렇게 맞으며 나는 내가 맞는 이유를 또렷하게 알아챘다. 그동안 공부는 못했지만 다른 선생님들에게는 꽤 귀여움을 받았고 예의 없다는 소리는 안 듣고 살았는데 한순간에 나는 맞아도 싼 아이로 변해 있었다. 그날 앞뒤 분간 없이 손을 치켜들었던 나 자신이 창피하고 부끄러워서 쥐구멍이라도 찾고 싶었다.

"너희들, 지금부터 무릎 꿇고 반성하고 있어!"

쉬는 시간이 끝나자 그제야 매질을 멈추며 담임선생님이 말했다. 그로부터 다음 쉬는 시간이 될 때까지 나는 선생님이 시키는 대로 무릎을 꿇고 앉아서 반성하고 또 반성했다. 학교에서 금하는 군것질을 한 내 행동이 아니라 감히 새마을부장을 맡고 나선 자신을 반성했다.

반성 시간이 끝나고 다시 쉬는 시간이 돌아왔다. 담임은 다시 와서 매질을 시작했다. 나란히 앉아 있는 네 아이를 번갈아가며 때렸다. 그러나 한 명씩 교대로 공평하게 때리지는 않았다. 내가 열 대 맞는 동안 한 대 맞는 둥 마는 둥 지나가는 아이가 하나 끼여 있었다. 그때쯤 그 아이가 덜 맞는 이유를 나도 알 것 같았다. 유난히 자주 학교를 오가는 그 친구의 어머니 얼굴이 떠올랐다. 게다가 그 친구는 잘사는 집 딸이었다.

그다음 쉬는 시간에도 나는 또 맞았다. 그렇지만 반성은 더 이상 하지 않았다. 대신 어느 순간부터인지 억울하다, 부당하다는 생각이 명치끝을 바위처럼 짓누르고 있었다. 그러는 사이 영원히 계속될 것 같던 매질이 마침내 끝났다. 맞을 때마다 몸을 움츠러들게 만들던 통증도 거짓말처럼 가셨다. 그런데 마음을 헤집고 들어온 상처는 깊이 새겨지고 오래 남았다.

교사가 되어 교무실이 아닌 교실에 앉아서 나는 그 기억을 자주 떠올렸다. 아니 저절로 떠올랐다. 마치 그 순간을 기다렸다는 듯이 생생하게. 그때의 담임선생님 얼굴도 또렷이 살아났다. 평소에도 학교가 지긋지긋하게 싫증난다는 표정으로 복도를 오가던 모습이었다. 그 표정은 어린 우리 눈으로도 확연히 읽을 수 있었다.

그때 우리는 누가 가르쳐주지 않아도 몸으로 배운 게 있었다. 어떤 교사가 학생들에게 애정을 갖고 있는지, 미움을 갖고 있는지. 큰 소리로 무섭게 호통치고 때리는 선생님이라고 해서 아이들이 다 싫어하는 건 아니었다. 호통과 회초리 속에 깃든 애정은 얼마든지 읽어낼 수 있으니까.

교사가 되고 10년쯤 지난 뒤, 선배 교사를 지켜보다가 문득 기시감을 느낀 일이 있다. 선배 교사는 언어폭력이 심한 사람이었다. 비록 아이들에게 매를 들지는 않았지만 함부로 내뱉는 말이 동료인 내가 듣기에도 거북할 정도였다. 아이들을 앞에 두고 '저질이라고 부르기에도 모자란 하질'이라는 표현까지 썼다. '쓰레기'라는 표현도 서슴지 않았다. 그런 소리를 들을 때마다 어릴 때 느꼈던 분노가 치밀어 올랐다.

말만 함부로 하는 게 아니었다. 기본적으로 아이들을 인간으로 대하지 않는다는 느낌이 자주 들었다. 자기 마음에 안 드는 아이는 지저분한 물건을 대하듯 얼른 눈앞에서 치워버리고 싶어 하는 표정을 감추지 않았다. 굳이 감정을 소모하면서까지 아이들과 부딪치려고도 하지 않았다. 아예 무시해버리는 쪽을 택한 것이다. 아이의 부모가 그 광경을 보면 피눈물을 흘릴 것 같았다.

　그런 교사들이 맡고 있는 반에 들어가면 간혹 아이들이 불만을 터뜨릴 때가 있었다. 담임선생님에게 쌓인 감정을 하소연하듯 풀어놓는 거였다. 어린 교사 시절에는 그런 상황이 무척 당황스러웠다. 과정과 이유야 어떻든 선생님을 욕하는 태도를 두둔하는 건 옳지 않다는 생각에서였다. 그러다가 경험이 쌓이면서부터는 아이들이 충분히 얘기할 수 있게 해주었다. 동조하는 게 아니라 들어주는 차원이었다.

　때로 아이들은 어른보다 관대하다. 억울한 마음, 화난 마음을 충분히 들어주면 그것만으로도 마음이 풀려 아이들은 늘 이렇게 말했다.

　"우리 선생님이 심하긴 한데요, 미운 건 아니에요. 그냥 불쌍해요. 사실은 우리가 봐주는 거예요……."

　나도 그랬다. 쓰린 상처를 안겨준 중학교 시절의 담임선생님을 무턱대고 미워하지는 않았다. 아니, 그럼에도 불구하고 예쁘게 보이려고 무척 애를 썼다. 노력하면 내가 저지른 그 큰 잘못(?)도 이해하고 용서할 거라고 믿었던 것 같다. 그런 선생님을 무엇 때문에 미워하지 않고 잘 보이려고 했느냐고 묻는 건 의미가 없다. 다만 사랑받고 싶어서 그랬으니까. 모든 사람은, 특히 모든 아이는 사랑을 받고 싶어 하니까. 그러나 담임선생님은 끝내 나를 받아주지 않았다.

그 경험은 내가 담임을 맡은 뒤에도 두고두고 영향을 끼쳤다. 반장에 뽑힌 아이가 아이들에게 한턱을 쏘거나, 어머니들이 선물을 사 들고 학교에 오는 일을 극도로 경계했다. 행여 그 일 때문에 주눅 드는 아이가 있을까 봐 더럭 겁이 났기 때문이다. 어머니회를 꾸리는 일에도 반감부터 앞섰다. 예전의 나처럼 상처를 받고 눈치를 살피는 아이가 생길지도 모른다는 생각에서였다. 지금 돌이켜 보면 그렇게까지 예민하게 반응할 필요는 없었는데 자라 보고 놀란 가슴 솥뚜껑 보고 놀라는 격이었다.

그렇게 내 상처를 곱씹고, 투영하고, 예단하는 내내 나는 피해의식에 사로잡힌 어린아이로 오랫동안 머물러 있었다. 특히 교무실을 외면하고 굳이 교실에 앉아 있던 신규 교사 시절의 나는 더더욱 그랬다.

그러나 언제까지나 교실에만 머물 수는 없는 노릇이었다. 내 이름은 엄연히 교사였으니까. 나는 낯설기 그지없는 교무실이라는 세계로 들어섰다. 그곳은 내가 예상치 못한 세계, 차원이 다른 세계였다. 나를 서툴고 미숙한 싸움꾼으로 만든 세계였다.

내게 주어진 두 가지 길 –
뻔뻔해지거나 싸움꾼이 되거나

2001년 나는 마침내 첫 담임을 맡았다. 담임을 맡고 보니 비로소 학교라는 땅에 발을 단단히 내디딘 느낌이었다. 첫아이를 얻은 부모의 심정과도 비슷하지 않을까, 싶었다. 막중한 책임감으로 돌봐야 하고 어떤 순간에도 몸을 사리지 않고 달려가서 감싸는 보호자가 되어야 하며, 모든 기쁨과 아픔을 같이해야 하는 대상이 생겼기 때문이다. 적어도 1년 동안은 말이다.

담임은 교직의 꽃이라는 소리가 있다. 담임을 맡아봐야 비로소 진짜 선생이 된 실감을 하게 되니 그런 비유가 생겼을 터이다. 아이들과 하루하루 부딪치며 단맛과 쓴맛을 골고루 맛보아야 교사가 무엇인지 실감하게 된다는 뜻이기도 하다. 그렇게 따지면 아름답고 향기로워서 볼 때마다 마음이 따뜻해지는 꽃과는 애초부터 거리가 먼 꽃이다. 그래서 경력이 꽤 많은 교사들도 새로 담임을 맡을 때면 지레 가슴을 압박해 오는 버거움 때문에 심호흡을 하게 된다.

첫 담임을 맡으며 나도 심호흡을 했다. 그렇지만 아직 겪어보지 못한 자의 무지함에 힘입어 나의 심호흡에는 설렘과 기대가 더 많이 섞여 있었다. 그리고 다짐했다.

친구 같은 선생님이 되자.
즐거운 교실을 만들자.
공부는 조금 못해도 상처받는 아이가 없는 교실을 만들자.
재미있게 가르치자.

나는 권위적인 말투를 쓰지 않기로 했다. 아니, 내가 살아온 과정이 권위와는 워낙 거리가 멀어서인지 애쓰지 않아도 그 문제는 자연스럽게 해결됐다. 나는 오히려 아이들이 놀랄 만큼 천박한(?) 말투를 아무렇지도 않게 써댔다. 솔직히 말하자면 모범생과 거리가 멀었던 내가 친구들과 편하게 주고받던 몸에 밴 언어였다. 오랜 언어 습관이 하루아침에 바뀌기 힘든 면도 있지만, 굳이 다르게 포장한 얼굴로 아이들을 대면하고 싶지 않았다. 중요한 건 말이 아니라 그 말을 하는 사람의 마음이라는 믿음도 있었다.

다행히 아이들은 그런 나를 낯설어 하지 않고 잘 받아들여 주었다. 선생답지 않은 내 말투를 친근하게 여기고, 내가 건네는 농담에 진심으로 웃어주었다. 덕분에 친구 같은 선생에 한발 더 가까이 다가갈 수 있었다.

나는 공부보다 체육대회 성적 올리는 데 더 열을 올리는 선생이었다. 종목마다 반 아이들이 골고루 참여하도록 독려하고, 그래도 안 되면 강압적으로 간섭했다. 응원하는 소리는 우리 반이 학교 전체에서 가장 커야 한다고 다그쳤다. 한 사람도 빠짐없이 똘똘 뭉쳐서 우승하자고 열변을 토했다.

수업을 시작하면 10분쯤은 농담으로 채웠다. 한바탕 실컷 웃고 수업을 진행하면 아이들은 없는 집중력이라도 발휘하려고 애를 썼다. 내 성의를 갸륵하게 여겨준 것인지도 모르지만 말이다. 수업하다가도 날씨가 화창하면 바깥에 못 나가고 교실에 갇혀 있는 내 신세가 처량하다고 아이들에게 하소연했다. 창문을 열고 운동장에 대고 소리를 꽥, 지르기도 했다. 아이들이 졸음에 시달릴 때면 나도 졸음이 왔고, 아이들이 답답함을 느낄 때면 나도 답답했다. 그럴 때마다 그저 내 감정을 표현한 것뿐이었다.

지금 생각해보면 내가 아이들을 보살핀 게 아니라 아이들이 나를 돌봐준 경우가 많았다. 소풍을 가면 아이들이 내 앞에 먹을 것을 수북이 쌓아두었다. 삶은 오리알이며, 김밥이며, 음료수며……. 속사정을 들여다보면 애정 결핍인 아이들이 참 많았는데 그런 수줍은 방식으로 저희들도 부족한 사랑을 나한테 아낌없이 내주었다.

그러던 어느 날 불미스런 일이 생겼다. 한 아이가 교실에서 돈을 잃어버린 거다. 가슴이 철렁 내려앉았다. 도난 사건이 벌어진 다음이면 으레 펼쳐지는 광경이 빠르게 눈앞을 스쳐 지나갔다.

도난 사건이 생기면 물건이나 돈을 잃어버린 당사자 외에는 떳떳한 사람이 없다. 따지고 보면 실수로 잃어버린 것인지 진짜 도난 사건인지 알 수 없는 경우도 많지만 그런 건 전혀 중요치 않다. 어쨌든 피해를 본 사람은 억울함과 분노를 내세우며 당당하고 떳떳할 권리를 갖게 된다.

나머지 사람들은 모두 불안하고 두려워진다. 범인이 아니라는 걸 스스로 잘 알고 있다고 해도 두렵고 불안하기는 마찬가지다. 누군가 훔친 것을 몰래 내 가방 속에 넣어두었을 것 같아서 간이 콩알만 해진다.

마지막 단계로, 교실에 있는 모든 사람들이 형사가 된다. 과거의 행적이나 현재의 미심쩍은 행동들을 하나하나 유추해가며 범인 찾기에 나선다. 다른 사람을 범인으로 만들어 자신의 결백을 주장하려는 속내가 다분히 깔려 있기도 하다. 아무튼, 그 어설픈 수사망에 걸려든 용의자는 꼭 있기 마련이다. 실제로 훔쳤든 아니든, 그 용의자는 사건이 해결될 때까지 숱한 의심과 따돌림의 눈초리에 시달리게 된다. 그 와중에 죄 없이 용의선상에 오른 아이는 평생 씻지 못할 상처를 받고 만다. 아니, 설사 죄가 있다고 해도 치러야 할 대가치고는 너무 가혹하기 십상이다.

아니나 다를까, 일은 내 불길한 예상대로 진행되어 갔다. 아이들이 찾아와서 의심 가는 사람이 있다고 했다. 나는 서둘러 교실로 달려갔다. 그리고 아이들 앞에서 간곡하게 말했다.

"교실에서 돈을 잃어버린 일이 생긴 건 정말로 속상하다. 그런데 절대로 친구를 의심하지는 말자. 아무리 이상한 느낌이 들어도, 틀림없이 그럴 것 같다는 생각이 들어도 의심하면 안 돼. 아닐 확률이 단 1퍼센트밖에 안 된다고 확신했는데, 그 1퍼센트 확률이 맞으면 어떡할 거니. 그럼 그 친구가 받을 상처가 너무 아플 거야. 서로 입장을 바꿔놓고 생각해봐. 내가 그 친구처럼 사실이 아닌데 의심을 받는 상황에 처했다고 생각해봐. 그럼 얼마나 억울하겠니?"

나는 애원하다시피 간청했다. 나도 모르게 울음이 터져 나왔다. 답답하고, 안타깝고, 안쓰러운 감정이 마구 뒤섞인 탓이었다. 그러자 아이들이 당황하기 시작했다. 명색이 선생이라는 사람이 흘리는 눈물을 보는 건 드문 일이니까. 다행히 아이들은 내 진심을 알아준 것 같았다. 그 시간 이후로는 섣부른 의심을 하지 않으려고 서로 조심하는 눈치가 역력했다.

이튿날 교무실로 출근해 보니 내 책상 위에 쪽지 한 장과 천 원짜리 지폐 몇 장이 놓여 있었다. 어떤 예감과 함께 가슴이 쿵쿵 두방망이질을 쳤다. 나는 얼른 쪽지를 펴보았다. 그 안에는 짤막한 내용이 적혀 있었다.

'선생님 죄송합니다. 나쁜 짓을 했습니다. 이건 제가 쓰고 남은 돈이에요. 나머지는 나중에 꼭 갚을게요.'

누군지 이름은 밝히지 않았지만 가슴 찡한 고백이었다. 나는 '기적' 같은 그 쪽지를 들고 벅찬 감정을 억누르느라 심호흡을 해야 했다. 그때 그 쪽지를 누가 가져다 놓았는지 나는 지금도 모른다.

밝히고 싶지 않았다. 그렇지만 그날 아침, 그 아이의 실수는 이미 용서를 받고도 남음이 있었다.

아이들은 처음 만난 내게 무한한 신뢰와 애정을 주었다. 도난 사건을 필두로 무단결석과 가출 사건이 줄을 이었지만 그렇다고 해서 그 신뢰와 애정이 훼손된 건 아니었다. 그런 일이 생기면 저희들끼리 나 못지않게 애를 태우며 정보를 찾아 어떻게든 나를 도와주려고 했다.

어쨌거나 말썽 피우는 아이들을 상대하기란 힘겨운 일이었다. 선배들 말마따나 '담임'이라는 직책은 몹시 버거운 게 사실이었다. 그렇지만 아이들이 미워서 버거운 건 아니었다. 아이들이 처한 상황을 고려하면 미워할 수 없는 노릇이기도 했다. 정작 내가 버거웠던 건 교무실 분위기였다.

어느 날, 우리 반 아이들이 가출한 일 때문에 힘들어하는 나를 보고 선배 교사가 충고라며 이런 말을 건넸다.

"장 선생, 적당히 해. 적당히. 그런 일로 힘 빼지 말라는 소리야."

그 말을 듣는 순간 말로 표현하기 힘든 서글픔과 좌절감이 밀려왔다. 아무리 생각해도 그건 선배가 이제 갓 담임을 맡은 후배 교사에게 할 소리는 아닌 것 같았다. 더구나 겨우 서른일곱 먹은 선배가, 그 누구보다 열정적으로 아이들과 부딪치며 울고 웃는 모습을 보여줘야 할 것 같은 선배가 할 조언은 아니라는 생각이 들었다.

그런데 그 선배만 그런 게 아니었다. 교무실에서 내 귀에 들려오는 소리가 다 비슷했다.

나도 해볼 만큼 해봤는데, 그래 봐야 소용없어.

혼낸다고 뭐가 달라지나? 장 선생 아직 힘 좋구나.

처음엔 다 그렇지.

다들 그만 하라고, 적당히 하라고 했다. 나는 아직 시작도 안 했는데 그만 하라는 소리부터 날아왔다. 누구 하나 나를 지지해주는 사람이 없었다. 외로웠다. 내 눈에는 교무실에 있는 모든 교사들이 아이들에게 애정을 주기는커녕 아이들을 함부로 취급하는 것만 같았다. 나한테 그토록 넘치는 사랑을 주는 아이들을 개선의 여지도 없고, 미래도 없는 한심한 존재로 여기는 것 같아 화가 나기도 했다.

학교에 발을 들여놓기 전 내가 생각한 교사는 아주 단순했다. 그저 아이들과 잘 지내고 잘 가르치기만 하면 되는 줄 알았다. 학교가 존립하는 목적은 오로지 아이들을 위한 것이라고 믿었다. 나뿐만 아니라 다른 사람들도 그런 믿음과 열정으로 교사 생활을 시작한다는 사실을 그때는 알지 못했다.

내가 당황했던 건 아이들 외에도 신경 써야 할 일이 너무 많다는 거였다. 지금 돌이켜보면 경험 없고 서투른 내가 잘못 본 것도 있었지만 엄연히 존재하는 실상도 있었다. 학생도 교사도 이미 만들어진 시스템을 쫓아가기 바빴다. 이를테면 아이들 생활 지도에 관해서 특별히 정해진 교칙이 있지만 일방적일 뿐만 아니라 교사에게 자율권도 없었다. 합리성 여부를 의논하는 장이 없었다. 대신, 학교의 관리자나 생활 지도에 철저한 사람들이 중요시하는 부분을 그대로 따라가는 식이었다.

교칙이 정한 아이들의 머리 길이, 교복 치마 길이, 여학생들의 화장에 대한 처리 기준 같은 것들이 가장 보수적인 잣대로 정해져 있었다. 그 탓에 교사 자신도 납득하지 못하면서 그저 교칙이라는 이유 하나로 강압적으로 지도하는 경우가 많았다. 시대 상황이나 방송 매체에 민감하게 영향을 받는 아이들의 문화를 고려하면 치마 길이가 짧아지는 건 오히려 당연한 일인데도 교칙은 여전히 무릎 길이를 고집하는 식이다. 머리 길이나 스타일도 학교 분위기에 따라 달라서 설득력이 없었다. 어느 학교는 머리를 길러도 되는데 어느 학교는 귀 밑 몇 센티미터를 고집했다.

머리 길이를 어깨까지라고 규정한 교칙의 경우, 그 기준이 보는 사람에 따라 다르고, 아이들 체형에 따라 다를 수밖에 없다. 그런데 획일적으로 길이를 정하고 그 길이에 맞춘 철끈을 들고 다니며 처벌하는 행태는 내가 보기에도 불합리하기 짝이 없었다. 두상도 다르고 목 길이도 다 다른 아이들이 어떻게 어깨 길이는 같을 수 있겠나. 그런 모호한 기준을 염색이며 파마 머리를 단속할 때에도 그대로 적용했다. 머리색이 본래 노란 아이도 있고 정말로 염색한 아이도 있는데, 하나의 색깔로 맞추려고 하는 것이다.

그래서 간혹 아이들이 이렇게 하소연하면 나는 할 말을 찾지 못했다.

"차라리 머리를 조금만 더 길러서 묶었으면 좋겠어요. 어중간한 길이라서 밥 먹을 때 머리카락이 국에 빠질 때가 많아요. 묶으면 그럴 일은 없잖아요."

교무실에서 내가 그런 말을 전하면 돌아오는 답은 늘 비슷했다.

"그렇게 풀어주기 시작하면 한도 끝도 없어요. 기준을 늦춰주면 그때 가서는 또 치렁치렁 기르고 싶다고 하겠죠."

획일화된 기준이 있으면 단속하기는 쉽다. 그렇지만 교사도 학생도 납득하기 힘든 그 기준에 만족하는 사람이 관리자밖에 없다는 게 문제였다. 관리자도 교사이니 범위를 넓히면 교사들 모두 책임을 피할 수는 없겠지만 말이다.

담임을 맡은 교사는 행여 학급에서 사고가 날까 봐 불안에 떠는 사람들이다. 그런데 만약 사고가 났는데 하필 아이들 단속을 약하게 했던 교사라면 여지없이 질타를 당하는 게 내 눈에 비친 학교의 실상이었다. 그 반 그럴 줄 알았다는 식의 비웃음이 꼬리표처럼 따라붙는 것이다.

그 모든 문제의 근원은 규칙을 만들 때 합의 과정이 빠져 있다는 데 있었다. 아무도 합의하지 않은 상황을 그냥 받아들여야 하는 구조였다. 설사 합의 과정이 있다고 해도 참여하려는 의지를 가진 사람이 있을까, 싶었다. 학교라는 공간이 가진 답답한 특성 때문이었다.

내가 신규 교사일 때 느꼈고, 갓 발령받은 후배들을 보면 지금도 느끼는 게 교사나 학생이나 일단 학교라는 공간에 첫발을 디디면 모두 학생처럼 다뤄진다는 것이다. 획일화된 기준이나 문화를 무작정 따라야 하고 자율권은 꿈도 꾸기 어렵다. 비단 신규만의 문제는 아니다. 학교에서 관리자라면 교장이나 학생주임을 들 수 있는데, 지금 생각해보면 그 사람들도 스스로 자율권이 없다고 여긴 것 같다. 반에서 문제가 생기면 담임이 문제라는 인식이 있는 것처럼, 학교에 문제가 생기면 교장이 문제라는 비난이 따르기에 너나없이 피해의식에 젖기 십상인 거다.

나도 처음에는 학급 관리를 해야 한다는 강박에 사로잡혔던 게 사실이다. 우리 반에서 싸움이 일어나서도 안 되고, 우리 반 아이들이 학생부에 불려가는 일이 생겨서도 안 된다고 여겼다. 만약 그런 일이 벌어지면 담임이 노력을 기울인 과정은 여지없이 무시된 채 그저 잘못했다고 치부되기 일쑤였다. 그러니 대다수 교사는 아이들을 강압적으로 단속할 수밖에 없는 것이다.

얼마 전에 연극 한 편을 본 뒤, 시간이 흘러도 달라지지 않은 현실을 실감했다. 연극에는 2년차 담임 교사가 나온다. 아이들과 무척 잘 지내는 교사다. 그런데 그 반 아이 하나가 자살하는 사건이 생긴다. 아이는 죽기 전 제 담임선생님에게 '고맙습니다'라는 유서를 남긴다. 다른 사연은 차치하고 아이가 남긴 유서만 보더라도 담임이 참 노력했다는 걸 상식이 있는 사람이라면 알아챌 만하다. 그런데 아이가 죽었다는 사실만으로 담임이 잘못해서 그런 일이 벌어졌다며 책임을 떠넘긴다.

세태를 반영하는 이야기로 꽤 화제를 모은 작품이었다. 공연을 관람한 뒤 나는 좀 착잡했다. 예전이나 지금이나 학교에서 문제가 생기면 누군가를 희생양으로 삼아 책임을 떠넘기는 구조가 크게 바뀌지 않았다는 사실을 확인한 것 같아서였다.

그런 구조에 적응해서 살아남자면 교사는 뻔뻔해져야 한다. 학교 현장에서 모범 사례로 간주되는 척도라는 게 '폭력 없는 학교' 같은 것이다. 그런 학교로 인정을 받으려면 수치로 보여줘야 한다. 무리하게라도 폭력 사례를 줄여야 하는 것이다. 강압으로 만들어내는 수치가 필요하다는 뜻이다. 이를테면 '지각생 없는 반' 같은 것.

사실 좋은 관리자로서 교장은 아이에게 문제가 생기면 그 반 담임의 말에 귀를 기울여주어야 한다. 마찬가지로 좋은 담임은 학생의 말에 귀를 기울여주는 사람이다. 강압이 아니라 자율권을 인정해줄 때 학생과 교사, 교사와 관리자 사이에 소통이 이루어진다.

실제로 최근 들어 좋은 결과를 얻는 사례는 용의 및 복장 규제에서 손을 떼는 학교에서 생겨나고 있다. 나도 직접 실험해보고 확인한 일이기도 하다. 교사 경력이 쌓이면서 담임으로서 융통성이 생기기 시작할 무렵의 일이다. 학교 전체가 휴대전화기를 걷을 때 나는 과감히 자율에 맡기겠다고 선포했다. 두말할 필요 없이 큰 용기가 필요한 결정이었다. 아이들을 믿지 않으면 시도할 수 없는 일이기도 했다. 나는 우리 반 아이들에게 진심을 담아 이렇게 얘기했다.

"너희들도 아다시피 학교에 오면 휴대폰을 걷는 게 우리 학교 규칙이잖아. 그런데 우리 반은 안 걷을 거야. 너희들은 내일 모레면 스무 살이 되는 사람들이야. 그리고 앞으로 평생 휴대폰을 끼고 살아야 하는 세대지. 그런 걸 강제로 빼앗는다고 해서 쓸 걸 안 쓰겠니? 각자 알아서 관리할 줄 알아야지. 그래서 난 안 걷기로 했다. 단, 규칙은 규칙이니까 학교에서 쓰다가 걸리지만 마라. 걸려서 다른 선생님들한테 뺏기는 것까지는 나도 어떻게 해줄 수 없다. 휴대폰 안 걷는다고 다른 선생님들한테 내가 욕먹는 건 내가 감수할 거야. 내 일은 내가 책임질 테니까 너희들 일은 너희들이 책임지란 소리야."

결과는 큰 문제가 없었다. 몰래 휴대전화를 쓰다가 걸리는 횟수도 다른 반보다 훨씬 적었다. 간혹 적발되는 경우에도 제 발로 나를 찾아와 용서와 이해를 구했다. 진심 어린 믿음을 바탕으로 자율권을 주면 아이들은 그 자율권에 반드시 책임이 따른다는 걸 스스로 터득한다는 증거였다. 아이들이 뭘 모른다는 생각은 예나 지금이나 어른들의 착각일 뿐이다.

자율권을 줘본 일도 없고 받아본 일도 없는 이들이 불안해하고 전전긍긍한다. 신규 교사일 때는 그런 문제들을 볼 수 있는 눈이 없었고, 융통성을 발휘할 여유도 없었기 때문에 나는 그저 답답하기만 했다. 나 자신이 납득이 안 되는 일을 지도해야 하는 상황에 당황했다. 신규 교사라는 존재는 김장 김치용 배추와 비슷한 처지인 것만 같았다. 굵은 소금을 팍팍 뿌려서 숨을 죽여야 하는 배추와 같은 신세 말이다. 절인 배추처럼 기가 죽지 않고서는 기존의 시스템을 견디지 못하게 되니까 말이다.

내 눈에 신규 교사는 그때까지 지녀온 신념이나 기준을 버려야 살아남을 수 있는 존재 같았다. 개인의 기준이나 신념 같은 건 어차피 허용되지 않았고, 교사가 자기 색깔을 드러내는 건 엄두도 못 낼 일로 여겨지기 십상이었다. 아이들이 다양성을 배울 기회는 그런 부분에서도 봉쇄되고 있는 것이다. 그래서 교사가 좀 색다른 모습을 보이면 아이들이 먼저 걱정을 하고 나선다. 그러다가 교장선생님한테 혼나는 거 아니냐고 말이다.

그나마 교장이 열린 사고와 의식을 가진 경우는 숨통이 조금 트이기도 한다. 단, 그 교장이 근무하는 동안만 조금 부드러워지는 수준이다. 교장이 다른 곳으로 떠나면 여지없이 다시 퇴보하고 만다. 중앙 교육계의 구조 자체가 워낙 견고한 데다, 정책을 만드는 사람들이 현장의 실태를 전혀 모르기 때문이다.

그 답답한 시스템을 견디지 못하는 교사는 싸움꾼이 될 수밖에 없다. 왜냐고 물으면 이유가 어디 있느냐고, 그냥 하는 거라는 대답 같지 않은 대답을 들어야 하니 계속 부딪칠 수밖에. 그렇게 싸움꾼이 되어 이상한 사람 취급을 받거나 교직을 떠나거나, 그도 아니면 타협하는 길을 택할 수밖에 없는 것이 내가 체험한 교직의 실상이었다.

하루 이틀, 한 해 두 해 담임을 맡으며 이리 부딪치고 저리 부딪치면서 나는 왜 수많은 선배 교사들이 '담임'이라는 단어에서 버거움부터 느끼는지 실감하게 되었다. 교직의 꽃! '꽃'이라는 표현 속에 얼마나 많은 역설이 숨어 있는지도 알게 되었다. 아픔, 상처, 자괴, 무기력, 그리고 때때로 보람…… 그 모든 것들이 버무려지기도 하고 두드러지기도 하는 이상한 꽃이었다.

　나는 차츰 사나운 꽃으로 자리매김되어 갔다. 교무실에서 툭하면 대들고 따지는 싸움꾼으로 변해간 것이다. 지금 돌이켜보면 모범생 출신에 순한 심성을 지닌 대다수의 교사들과는 태생적으로 달랐던 내 기질이 자연스럽게 그쪽으로 스스로를 이끌어간 것 같기도 하다.

그러나 나는 정의롭지 않았다

"파란 안경을 쓰고 보면 세상이 다 파랗게 보이고, 빨간 안경을 쓰고 보면 세상이 온통 빨갛게 보인다."

교사가 되고 몇 년이 흐른 뒤 마음공부를 시작했을 때, 사람살이에 얽힌 진리를 그런 비유로 설명한 스승의 말씀을 여러 차례 들었다. 참 단순한 진리다. 파란 안경을 쓰면 파랗게 보이고, 빨간 안경을 쓰면 빨갛게 보이는 건 지극히 당연해서 진리 운운하기가 머쓱하기까지 하다.

그러나 누구나 알고 지극히 당연한 이 진리의 함정에 우리는 날마다, 순간마다 발목이 잡힌다. 색안경이라는 함정이다. 색안경을 쓰고 거리를 활보하다 보면 흔히 안경을 쓰고 있다는 사실 자체를 잊어버릴 때가 많다. 스승이 뜻하는 안경의 함정이 바로 그것이었다. 자신이 안경을 쓰고 있다는 사실을 잊어버리는 것.

파란 안경을 쓴 사람이 안경 쓴 사실을 잊을 때 이제 파란색을 띠는 건 안경알이 아니라 세상이 된다. 파란색 안경 때문이 아니라 세상 자체가 파랗다는 착각을 하게 되는 것이다. 그래서 다른 사람 눈에는 하얗게도, 노랗게도, 빨갛게도 보이는 세상을 혼자서 파랗다고 주장한다. 그것도 목에 핏대를 세워가며 강력하게, 절대로 타협할 수 없다는 태도로 말이다. 다른 사람들 눈에는 다른 색으로 보인다는 사실을 도무지 인정할 수 없어서 종국에는 화를 벌컥 내기에 이른다. 그 화를 삭이지 못해 몸이 아프기도 한다.

그러나 언제든 자신이 색안경을 쓰고 있다는 사실만 알아차리면 모든 문제는 일시에 해결된다. 안경을 벗고 세상을 보면 지금까지 파랗던 세상이 나만의 착각이었음을 깨닫게 되니까. 아울러 자신이 비난하고 공격했던 사람들에게 말로 다할 수 없이 부끄럽고 미안한 마음이 생긴다.

스승은 우리가 쓰고 있으면서도 잊기 쉬운 색안경의 대표적인 실체가 '내 옳음'이라고 했다. 산 하나를 가운데 두고 북쪽에 사는 사람은 남산이라고 하고, 서쪽에 사는 사람은 동산이라고 한다. 북쪽에 사는 사람은 남산을 동산이라고 하는 견해를 인정하지 않고, 서쪽에 사는 사람은 동산을 남산이라고 하는 주장을 받아들이지 않는다. 다만 서로 산을 바라보는 방향이 다를 뿐인데 말이다. 그런 관점에서 살피면 세상사가 처음부터 끝까지 옳은 일도 없고, 영원히 틀린 일도 없다. 그저 다를 뿐.

하지만 그런 가르침을 받은 지 꽤 오래된 지금도 하루에 몇 번씩 색안경을 끼고, 수시로 그 안경을 잊는다. 시간이 한참 흐른 뒤에라도 아차, 그때 내가 안경을 끼고 있었구나, 알아차리면 그나마도 다행인 수준이다.

그러니 천둥벌거숭이 같았던 신규 교사 시절의 나는 어땠을까? 어떤 색깔의 안경을 쓰고 있었을까?

지금 떠올려보면 서해안 소읍의 그 학교 선배들은 대체로 마음씨 좋고 원만한 사람들이었다. 될 수 있으면 동료들과 부딪치지 않고 서로 좋게 지내려 애를 썼다. 좁은 지역에서 늘 얼굴을 맞대고 살자니 자연스럽게 그런 관계가 형성되었을 터이다.

그렇지만 내 눈에는 그 모든 게 삐딱하게만 보였다. 좋은 게 좋은 거라는 식으로 작은 문제라도 생기면 서로 모르는 척 덮는 태도를 보면 답답했다. 행여 입바른 소리라도 할라치면 뜨악하게 보는 것이 여지없이 따돌림을 당하는 느낌이었다. 선배들의 좋은 점은 가려지고 하나같이 문제점만 보였다. 선배들이 모두 후배를 딛고 올라서려고 혈안이 된 사람들 같고, 승진에만 눈이 먼 사람들 같았다. 후배들에게 따뜻한 조언은 해주지 않고 언제나 놀 궁리만 하는 것 같았다. 한마디로 모범을 보이는 선배라고는 한 사람도 없다고 생각했다.

그 와중에 결정적인 사건이 벌어졌다. 새 노트북 컴퓨터 한 대가 우리 학교에 지원된 것이다. 지원된 물품 따위를 적임자에게 배정해주는 부서의 담당자가 나였다. 나는 가장 낡고 오래된 컴퓨터를 쓰고 있는 사람이 누구인지부터 알아보았다. 가장 낡은 컴퓨터를 교체해주는 게 원칙이라고 생각한 것이다. 그런데 어느 부장 선생님이 오더니 이렇게 말했다.

"장 선생, 노트북 새로 온 거 있지? 그거 내가 쓸 테니까 그리 알아."

부장은 아무렇지도 않은 얼굴로, 마치 자신이 주문한 물건을 찾으러 왔다는 듯이 말했다. 그렇지만 나로서는 아무리 생각해도 부당한 일이었다.

"부장님 컴퓨터는 아직 쓸 만하잖아요. 딱 한 대 지원받은 건데 이건 꼭 필요한 분한테 드려야 할 것 같은데요."

부장은 대답 대신 내 얼굴을 한참 바라보았다. 기가 막힌다는 표정이었다. 새파란 신규가 뭘 몰라도 한참 모른다는 표정도 섞여 있었다. 그 얼굴을 보자니 나도 기가 막혔다. 뻔뻔하다는 생각이 들었다. 선배이자 윗사람이라는 지위를 믿고 치졸한 권력을 휘두르는 것 같아서였다. 미안하거나 겸연쩍은 내색은커녕 도리어 당당한 그 태도에 더 화가 치밀었다.

"그래서 안 된다고?"

부장이 마침내 입을 열었다. 나도 물러서지 않았다.

"네, 안 됩니다."

그러자 부장은 두말 않고 밖으로 나갔다. 잔뜩 날을 세운 나 자신이 무안할 정도로 선선히 단념한 것이다. 살짝 머쓱한 마음이 들기도 했지만 어쨌든 나는 상식대로 행동했다고 생각했고, 부장도 상식대로 단념했을 테니 더 이상은 신경 쓰고 싶지 않았다.

그러나 선선히 단념했다고 여긴 건 내 오산이었다. 시간이 얼마나 흘렀을까. 부장이 다시 내 책상 앞으로 오더니 다짜고짜 노트북 컴퓨터를 챙겼다. 갑자기 당하는 일이라 나는 미처 할 말도 찾지 못한 채 멀뚱히 부장을 쳐다보았다.

"장 선생 담당 부장이랑 얘기 끝냈어."

그러고는 컴퓨터를 들고 교무실 밖으로 나가버렸다. 눈 깜짝할 사이에 벌어진 일이었다. 내가 순순히 말을 듣지 않자, 담당 부장을 직접 찾아가서 담판을 짓고 온 거였다. 아니, 담판이랄 것도 없었을 것이다. 내 눈으로 익히 보아왔듯이 좋은 게 좋은 거라는 식으로 몇 마디 오갔을 테고, 사람 좋은 웃음을 두어 번 교환한 것으로 노트북 컴퓨터의 주인은 결정이 난 거였다. 아무 합의도 없이 단 두 사람이 내린 결정이었겠지.

나는 자리에서 벌떡 일어나 부장의 뒤를 쫓아 교무실 밖 복도로 달려 나갔다. 그리고 앞뒤 가릴 것 없이 쏘아붙였다.

"부장님, 이런 법이 어디 있습니까?"

부장이 걸음을 멈추더니 한숨을 내쉬며 입을 열었다.

"왜 이렇게 말귀를 못 알아들어? 장 선생 담당 부장이랑 얘기 끝냈다고 했잖아!"

"두 분이서만 얘기 끝내면 되는 건가요? 학교로 지원되는 물품을 이렇게 허술하게 배정해도 되는 거냐고요?"

"이까짓 컴퓨터 한 대가 뭐 그리 대수라고. 허술하긴 뭐가 허술하다는 거야?"

부장도 나도 언성이 높아지고 있었다. 그렇지만 내 눈에는 아무 것도 보이지 않았다. 그 전까지는 그런 일을 어떻게 처리해왔는지 모르지만 내가 관여한 이상 도저히 묵과할 수 없다는 생각만 들었다. 화가 머리끝까지 치밀고 올라왔다. 그 싸움에서 지면 온 세상이 부정과 부조리의 손아귀에 속수무책으로 넘어가기라도 하는 것처럼 나는 온몸을 부르르 떨며 맞섰다.

"이건 정말 말도 안 되는……."

그 순간이었다. 갑자기 배가 끊어질 듯이 아팠다. 숨이 멎을 것 같은 통증이었다. 더 이상 한마디도 말을 이을 수 없었다. 나는 그 자리에서 배를 움켜쥐며 쓰러지고 말았다.

부장과의 싸움은 그렇게 끝이 났고 나는 병원으로 실려 갔다. 장이 유착되어서 생긴 통증이라고 했다. 증세가 좀처럼 호전되지 않아서 그로부터 닷새 동안 입원을 해야 했다. 퇴원을 한 뒤에도 몸은 쉬 회복되지 않았다. 조금만 화가 나도, 조금만 우울해도 여지 없이 통증이 찾아왔다. 마치 내 마음과 장이 연결되어 있기라도 한 것처럼 말이다.

그런 중에도 나는 또 한 번 말썽을 일으킨 주인공이 되고 말았다. 유공 교원에게 가산점을 주는 정책이 있는데 그 일이 내 심기를 건드린 거다. 말 그대로 평소 근무하면서 공을 많이 쌓은 교사에게 가산점을 주는 제도였다. 그 점수를 받는 한두 사람은 급속하게 승진할 수 있는 기회를 얻게 된다. 따라서 대상자가 선정되면 동료들은 두말없이 자신이 가진 한 표를 선물처럼 안겨주는 게 관례였다. 언젠가 '나'에게도 올 수 있는 기회이니 도울 수 있을 때 마음껏 돕자는 심정으로 단결하는 것이다. 단 한 사람이라도 반대표를 던지면 혜택을 받을 수 없기 때문에 더더욱 이탈하는 사람이 없었다.

그런데 내 생각은 달랐다. 대상자로 뽑힌 사람에게 전혀 점수를 주고 싶은 생각이 들지 않았다. 내가 지켜본 결과로 판단하자면 그 교사는 도무지 학교나 학생을 위한 공을 쌓은 적이 없었다. 도리어 속된 표현을 쓰자면 얍삽하기 이를 데 없는 모습을 여러 차례 보인 터였다.

나는 또다시 반기를 들고 일어섰다. 따가운 눈총을 받을 걸 익히 알았지만 굳이 나서서 반대한 건 그런 사람이 유공자 대우를 받으면 안 된다는 소신 때문이었다. 그런 사람이 고속 승진하면 안 그래도 문제가 많은 학교 조직에 이로울 게 없다는 생각 때문이었다. 적어도 내 눈에 비친 그 대상자는 틀림없이 '그런 사람'이었다.

결국 내가 중심이 되어 나서는 바람에 우리 학교에 주어진 유공 교원 선정 기회는 물거품이 되고 말았다. 당연히 내 등 뒤에서 혀를 끌끌 차는 듯한 소리들이 들려왔다.

어린 것이 설쳐서…….

쥐뿔도 모르는 게…….

그 일을 계기로 나는 공공의 적이 된 느낌이었다. 힘들고 괴로웠다. 나는 여전히 틀린 행동을 하지 않았다고 여겼지만 동료들의 눈총을 받는 일은 견디기 어려웠다. 그리고 차츰 지쳐갔다. 날마다 늙고 병들어가는 것 같았다.

한편으로 우리 반에서는 아이들이 끊임없이 사건을 일으키고 있었다. 한 아이가 가출하면 한 아이는 결석을 하고, 가출한 아이가 돌아오면 또 다른 아이가 집을 나가고. 모든 게 다 내 잘못 같았다. 내가 잘못해서 아이들이 결석하고 가출하는 것 같아서 죄책감에 시달리기도 했다. 나뿐만 아니라 신규 담임을 맡은 교사는 누구나 그런 죄책감을 느낀다. 다 담임이 잘못해서 벌어지는 일이라는 생각을 갖게 된다. 교사 때문에 아이들이 말썽을 일으키는 일도 있겠지만 그건 극히 드문 경우다. 그런데 신규 교사는 아이들과 자신의 세계를 분리시키는 눈을 갖지 못하기 때문에 필요 이상의 책임감에 시달리게 된다.

아이들 때문에 상처를 받은 건 아니었다. 다만, 그 아이들이 처한 상황이 안타깝고 가슴 아팠다. 그 상황을 개선시킬 능력이 없는 나 자신 때문에 힘들었다. 힘이 드니 지쳤다. 나는 그렇게 아이들과 동료, 양쪽에게 지쳐갔다. 아이들에게는 무력하기만 하고, 부조리해 보이는 조직은 내 힘으로 바꿀 수 없었다. 난공불락의 상황에서 저항하자니 몸이 아팠다. 학교에 가면 마음이 아프고 집에 오면 몸이 아팠다. 가뜩이나 부모님 상황 때문에 나도 신용불량자 처지가 된 터라 경제적으로도 피폐했다.

한창 적응하고 배워가야 할 시기에 나는 좀처럼 학교에 마음을 붙이지 못했다. 그래서 틈만 나면 이곳저곳 헤매 다녔다. 이름 모를 사찰을 찾아가기도 하고, 점심시간이면 밥 대신 커피를 사 들고 한

적한 해수욕장으로 숨었다. 어차피 식욕은 손톱만큼도 없었다. 어디를 가든 시도 때도 없이 눈물이 나왔다. 나를 그렇게 몰아간 게 아픔인지 우울인지 화인지 도무지 알 수 없었다. 알고 싶은 의욕도 울고 싶은 의욕도 없었다. 그런데도 눈물은 아무 때나 터졌다.

그토록 바라던 독립 생활을 시작했지만 꿈꾸고 바라던 모습과는 딴판이었다. 새처럼 자유롭고 바람처럼 거침없는 생활이 아니라 전보다 더 갑갑한 공간에 갇히고 만 느낌이었다. 건강은 점점 더 나빠졌고 급기야 서울 병원에서 수술까지 받아야 했다. 불치는 아니지만 지속적인 관리가 필요한 난치병이라는 판정을 받았다.

수술한 이튿날 부모님에게 돈을 받지 못한 빚쟁이가 병원으로 나를 찾아왔다. 빚진 죄인의 태도로 기가 죽어야 마땅한 노릇인데도 나는 그 사람을 붙잡고 말다툼을 했다. 그 사람이 물러가자 이번에는 빚쟁이를 병원까지 오게 한 어머니를 붙잡고 싸웠다. 병문안을 온 남자 친구와도 싸우고 그 길로 헤어졌다.

지금도 그때를 생각하면 가슴 한쪽이 꽉 막힌 듯 답답하고 눈시울이 뜨거워진다. 그때 나는 행복과는 거리가 먼 사람이었다. 아니 몹시 불행했다. 학교도, 자취집도, 서울집도, 그 어디도 위안을 주지 못했다. 나는 세상에서 가장 어두운 구석에 홀로 내몰린 사람처럼 외로웠다. 온 세상이 나를 해치려고 덤비는 적인 것처럼 누구에게나 이를 드러내며 싸웠다.

그 모든 싸움에서 나는 정당했다. 내 잘못은 단 하나도 없었다. 유난히 사랑이 부족해서 말썽을 많이 피우는 아이들을 맡았지만 그런 아이들을 무시하지 않고 함께 아파해주었으므로 나는 잘못한 게 없었다. 학교를 사랑하지 않은 건 답답한 제도와 정책 때문이니 내 잘못이 아니었다. 선배들과 사이좋게 지내지 못한 건 선배들이 비겁하거나 무기력했기 때문이니 내 잘못이 아니었다. 빚쟁이에게 공손하지 못한 건 내가 진 빚이 아니기 때문이니 내 잘못이 아니었다. 몸이 아파서 수술까지 받았지만 내 잘못 때문에 그렇게 된 게 아니었다. 나를 괴롭히는 온갖 사람들, 온갖 상황들 때문이지 내가 잘못해서 아픈 게 아니었다. 아픈 나를 제대로 위로해주지 못한 남자 친구가 문제였으니 이별도 내 잘못으로 빚어진 일은 아니었다.

잘못한 게 없는 사람이 잘못을 저지른 상대와 맞서 싸우는 걸 정의로운 행위라고 하나? 그렇다면 그때 나는 정의로운 사람이었을까? 정의로운 사람은 나처럼 상처투성이가 되는 걸까? 상처는 정의로운 쪽의 전유물일까? 상대는 정의롭지 않으니 상처 따위는 받지도 않을 것이며, 받을 권리도 없는 걸까? 그 질문에 대한 답을 나는 이제 안다.

그때 나는 스스로 정의롭다고 믿었다. 그러나 사실 나는 정의롭지 않았다. 그때 나는 정의라는 색깔의 안경을 쓰고 있었을 뿐이다. 나만 옳고, 모든 잘못은 나 아닌 남에게 있다는 아주 몹쓸 안경. 그 안경을 쓰고 있다는 사실을 나는 까맣게 몰랐다. 그리고 오랜 시간이 지난 뒤에야 알아차렸다.

그때 나는 정의롭지 않았다.

10년 만에 꺼내놓는 부끄러운 고백

현종이라는 아이가 있었다. 애써 내 기억에서 지워버린 이름이었
다. 그런데 지워진 게 아니었다. 10년이 지난 지금 이렇게도 선명
하게 떠오르는 걸 보면 말이다. 나는 그 이름을 지운 게 아니라 한
사코 외면했던 것 같다.

서해안의 그 소읍에서 중학교 3학년 반을 맡았을 때 현종이를 만
났다. 아이는 조용해서 좀처럼 눈에 띄지 않았다. 그런데 그 아이의
어머니는 학교에서 종종 마주쳤다. 현종이의 어머니는 보험설계사
였다. 많은 사람을 만날수록 유리한 직업의 특성 때문에 학교에 자
주 온 거였다. 내가 오기 전부터 다른 교사들과는 친분을 많이 쌓
은 듯했다. 교무실에서 하는 말이며 행동에 거침이 없었다. 덕분에
나도 현종이 어머니와 금세 안면을 익혔다.

그와 달리 현종이는 있는지 없는지도 모를 만큼 존재감이 드러나지 않았다. 어떻게 된 일인지 현종이보다 현종이 어머니와 더 자주 만나고, 대화도 더 자주 나누는 느낌이었다. 얘기가 꽤 잘 통하는 사람, 이라고 나는 생각했다.

그러던 어느 날, 현종이가 지각을 했다. 나는 평소에 하던 대로 혼을 냈다. 지각하는 학생은 흔히 있었고, 혼을 내면 대개는 인정하고 다음에는 안 그러겠다는 다짐을 하기 마련이다. 혼내는 교사나 혼나는 학생이나 다분히 요식적으로 거치는 과정인 것이다.

그런데 현종이는 반항을 했다. 내가 혼을 내자 눈을 치켜뜨며 잘못했다는 기색을 보이지 않았다. 당황한 쪽은 나였다. 담임을 맡고 처음으로 겪는 일이었다. 그때까지 나는 반 아이들과 아주 잘 지내는 선생이었다. 말썽을 피우는 아이들도 나에게는 호의적이었으며 아주 잘 따랐다. 다 나를 좋아한다고 믿고 있던 터였다. 그랬는데 느닷없이 반감을 드러낸 아이가 나타난 것이다. 나는 당황한 나머지 필요 이상으로 화를 내기 시작했다.

"너 뭐냐? 지각을 했으면 잘못했다고 해야지. 어디서 눈을 치켜뜨는 거야!"

소용없었다. 소리를 지를수록 녀석의 말 없는 반항은 거세지기만 했다. 아무리 다그쳐도 잘못했다는 소리를 끝내 하지 않았다. 나는 점점 더 화가 솟구쳤다. 화를 내면서도 속으로는 연신 고개를 갸웃거리고 있었다.

이상하다, 이 아이가 왜 이러지?

당황과 화가 서로 부딪쳐 점점 더 감정을 증폭시켰다. 나는 끝까지 고개를 숙이지 않은 현종이에게 매를 들고 말았다. 지금은 체벌을 하지 않지만 그때 나는 간혹 매를 들었다. 거친 말투를 짐짓 아무렇지도 않게 쓰면서 오히려 아이들과 가까워졌듯이, 진심을 실은 매는 아이들에게 상처를 주지 않을 거라는 근거 없는 믿음을 가지고 있었다. 다행히 아이들도 내가 드는 매를 저항감 없이 받아들여주었다. 나는 매를 들기 전에 먼저 혼날래, 맞을래? 라고 물었다. 그러면 매를 택하는 아이들이 더 많았다. 그것도 선선히. 때리는 나도 맞는 아이들도 그 순간에 마음이 다치는 경우는 없었다. 아니, 없다고 생각했다.

그런데 현종이는 아니었다. 때리는 나는 어쩐지 가슴 한쪽이 답답하고 맞는 현종이 표정은 여느 아이들과 사뭇 달랐다. 허벅지를 세 대 때려서 보냈는데 답답하고 찜찜한 기분이 사라지지 않았다. 나는 현종이 어머니에게 전화를 걸었다. 그리고 아이가 이러저러해서 혼을 내서 보냈으니 너무 놀라지 마시라고 했다.

이튿날 현종이 어머니가 전화를 했다.

"선생님, 상담을 좀 하고 싶은데요. 우리 아들에 대해서 할 얘기가 있어서요."

"네. 무슨 말씀인데요?"

"저기, 전화로 하기는 그렇고 밖에서 좀 뵙죠. 저희 가정 일이라서 조용히 말씀드리고 싶어서요."

나는 별 생각 없이 어느 찻집에서 만나기로 약속을 하고 나갔다.

현종이 어머니는 자신과 남편 사이의 문제로 얘기를 시작했다.

"사실은 애 아빠가 사업을 하다가 실패했어요. 그 바람에 우리 애가 의기소침해졌죠. 지금 저랑 애 아빠가 별로 사이가 안 좋아요. 한 집에 같이 살면서도 데면데면하고……. 엄마 아빠 때문에 애가 많이 예민해요. 학교에서도 활발하지 않을 거예요. 그러니까 마음에 안 드는 짓을 해도 선생님이 좀 봐주세요."

현종이 어머니를 만나고 돌아서는데 마음이 몹시 불편하고 발길이 무거웠다. 현종이가 처한 상황 때문이 아니라 내가 떳떳하지 못한 일을 했다는 느낌이 지워지지 않아서였다. 그 찜찜한 느낌의 정체는 교무실에 돌아온 뒤 옆자리 동료와 얘기를 주고받는 중에 밝혀졌다. 내가 밖에서 학부모를 만나고 왔다고 하자 동료는 이렇게 말했다.

"장 선생, 밖에서 학부모 만나는 거 아니야. 괜히 오해를 살 수도 있으니까 만날 일 있으면 다음부터는 학교로 오시라고 해."

그거였다. 경험이 없어서 얼떨결에 학교 밖까지 나갔지만 막상 상담을 하다 보니 그곳이 내가 있을 공간이 아니라는 느낌이 은연중에 들기 시작한 거였다. 이른바 촌지 같은 걸 받지는 않았지만 어쩐지 학부모와 사적인 관계로 얽혀버린 듯해서 떳떳하지 못한 기분이 든 거였다. 따로 만난 자리에서 '아이를 좀 잘 봐달라'는 부탁을 했으니 현종이 어머니는 내게 특별한 기대를 할 게 틀림없었다. 그 기대를 배반하기도 어려운 일이었다. 은밀하다면 은밀한 자리에서 얼굴을 맞대고 받은 부탁은 의외로 힘이 세다.

실제로 나는 야단칠 일이 생겼을 때 현종이를 몇 차례 '봐줬다.' 그 사이에도 현종이는 계속 자잘한 반항을 이어갔다. 표정이나 태도로 반감을 드러내기도 하고, 다 같이 해야 할 청소를 안 한 채 집으로 가버리기도 하고, 내 딴에는 조용히 타이른다고 불러서 얘기하면 대답 없이 외면하기도 했다.

그런 일이 두 번 세 번 이어질수록 예상치 못했던 감정이 치밀고 올라왔다. 누가 뭐라고 한 것도 아닌데 나 스스로 현종이 어머니에게 약점을 잡힌 것 같아 불쾌해지기 시작한 것이다. 약점을 잡힌 탓에 단단히 혼을 내야 마땅할 현종이를 필요 이상으로 봐주고 있다는 생각이 들었다. 그러던 어느 날, 현종이가 내가 싫어하는 짓을 또 저질렀다. 그날따라 나는 대단한 결심이라도 하듯 이를 악물었다.

'더 이상 봐줄 수 없어.'

나는 벼르고 벼르던 일을 처리하듯 현종이를 따끔하게 혼냈다. 이번에도 현종이는 수그리는 기색이 전혀 없었다. 나는 다시 매를 들고 물었다.

"너, 혼날래, 맞을래?"

현종이는 둘 다 선택하지 않았다. 대신 고개를 옆으로 휙 돌리며 반 아이들이 다 듣도록 내뱉었다.

"에이 씨……!"

순간 주체할 수 없는 화가 치밀었다. 단 한 번도 상상해보지 못한 반응이었다. 감히 내 앞에서 그럴 수는 없었다. 더구나 반 아이들이 모두 보는 앞에서 나에게 대든 거였다. 나는 소리를 버럭버럭 지르며 현종이를 야단쳤다. 아니 야단이 아니라 마구 화를 냈다. 그러나 현종이는 끝내 굴복하지 않았다.

"안 되겠다. 현종이 너, 컴퓨터실로 따라와!"

컴퓨터실에서도 나는 분을 삭일 수 없었다. 고개를 숙이지 않기는 현종이도 마찬가지였다. 나는 다시 매를 무기로 들었다.

"너 어쩔 수 없는 애구나. 선생님한테 맞아야겠다. 맞자!"

나는 세 대를 때리기로 하고 있는 힘껏 내리쳤다. 미운 감정을 잔뜩 실어서 때린 매였다. 어찌나 세게 때렸는지 현종이는 세 대를 다 맞지 못했다. 현종이는 매를 피하며 이렇게 내뱉었다.

"에이, 씨팔!"

나는 휘두르려던 매질을 우뚝 멈췄다. 그 순간 얼굴이 화끈거리도록 창피했다. 단 둘이 있는 공간에서 학생이 내게 욕을 한 거였다. 동시에 겁이 더럭 났다. 머릿속이 하얗게 변하면서 이 사태를 어떻게 처리해야 할지 판단이 서지 않았다. 당황한 나는 속내를 들키지 않으려 애쓰며 입을 열었다.

"뭐? 씨팔? 너 지금 선생님한테 욕한 거야? 도저히 안 되겠구나, 너. 일단 교무실로 따라와."

나는 현종이를 교무실로 데리고 가서 무릎을 꿇렸다. 그리고 아이 어머니에게 전화를 걸었다. 현종이 어머니는 내가 상황 설명을 끝내기도 전에 역정부터 냈다.

"그래서 부탁드린 거잖아요. 환경이 좀 특별하다고 했잖아요. 잘 좀 봐주시면 될 걸 갖고 왜 애를 이상하게 몰아가세요?"

"제가 언제까지 봐줘야 하는데요? 어머니 아들만 자식이고, 어머니 아들만 우리 반 학생인 건 아니잖아요."

"아니 그럼 어떻게 하실 건데요?"

"애가 욕을 했습니다. 저한테 욕을 하더라고요. 그래서 매를 들었어요. 이런 상황에서 제가 어떻게 하길 바라세요?"

"또 때렸다고요? 모르는 척하고 있었는데, 지난번에도 한 번 때리셨잖아요. 그때 보니까 애 다리에 멍이 들었더라고요."

"그때도 현종이가 잘못했고, 잘못했으니까 자기가 맞겠다고 해서 때린 겁니다. 근데 애가 선생한테 욕을 한 건 잘한 일인가요?"

나는 감정을 추스르지 못한 채 학부모와 다투고 있었다. 현종이 어머니도 참지 않고 소리를 질렀다.

"선생님이라는 분이 애 하나를 감당 못하세요? 도대체 내 아들이 뭘 잘못했다고 걸핏하면 매질을 해요, 매질을! 안 되겠네. 저번에 만났던 찻집으로 갈 테니까 나오세요."

"내가 왜 밖에서 어머니를 만납니까? 못 나갑니다. 할 말 있으면 학교로 오세요!"

나는 두 번 다시는 떳떳하지 못한 장소에 나가지 않겠노라고 선언하듯 단호하게 소리치고 전화를 끊어버렸다. 그리고 이내 공황 상태에 빠졌다. 아이와도 학부모와도 소통이 안 된다는 생각에 답답하고 화가 났다. 무릎을 꿇고 벌서는 현종이를 동료 교사에게 맡기고 나는 수업에 들어갔다.

수업이 끝나고 돌아와 보니 현종이는 사라지고 없었다. 산 넘어 또 산을 만난 느낌이었다. 나는 말이 통하지 않는 현종이 어머니 대신 이번에는 아버지에게 전화해서 학교로 오시라고 했다. 현종이 아버지를 기다리는 동안 그때까지 있었던 일을 모두 기록했다. 어떻게든 내 정당성을 입증하고 싶었던 것이다.

현종이 아버지는 무척 점잖은 인상이었다. 나는 기록한 내용을 보여주고 현종이가 욕설을 내뱉은 그날까지의 이야기를 모두 했다.

"……가르치는 애한테 그런 욕설을 들었다고 입장을 바꿔서 생각해보세요. 아버님이라면 매를 안 드시겠습니까?"

그 얘기를 하는데 나도 모르게 울먹이는 소리가 나왔다. 창피함과 화, 나는 정당하다고 호소하고 싶은 마음이 마구 뒤엉킨 울먹임이었다.

그로부터 며칠 지나지 않아 현종이는 가출했다. 그것도 다른 남자아이 하나를 부추겨서 함께. 아무래도 아버지에게 심한 야단을 맞고 마음이 뒤틀린 듯했다. 다행히 사나흘 지나고 돌아왔지만 현종이의 마음은 더 굳게 닫힌 뒤였다. 곧이어 가출에 따른 징계 문제가 발생했고, 그 와중에 나는 또 현종이 어머니와 얼굴을 붉히며 다퉈야 했다.

징계 문제로 학부모를 호출한 게 발단이었다. 현종이와 함께 가출한 아이는 부모 없이 조부모와 지내는 아이였다. 그런데 현종이 어머니가 다짜고짜 부모 없이 자란 못된 녀석이 착한 자기 아들을 꼬드겨서 가출했다며 펄펄 뛴 것이다. 아이들 말을 들어보면 실상은 현종이가 꼬드겼다는데 말이다. 안 그래도 부모가 없어서 주눅든 아이가 받을 상처는 아랑곳없이 자기 자식만 두둔하는 현종이 어머니 행태에 나는 넌더리가 날 지경이었다.

그렇게 현종이와 나 사이의 거리는 점점 더 멀어졌다. 현종이 어머니와 내가 부딪치는 일이 잦아지면서 정작 현종이는 멀찌감치 주변부로 밀려난 모양새였다. 아이는 멀찌감치 밀어두고 학부모와 교사가 신경전을 벌인 셈이었다.

아니, 이제 솔직히 말해야겠다. 현종이는 처음부터 주변부 아이였다. 현종이가 내 눈에 들어오지 않은 게 아니라 내가 현종이를 보지 않았다. 사실 현종이 말고도 그런 아이가 둘 더 있었다. 그 셋은 내 눈에 보이지 않는 투명 인간이나 다름없었다. 미워하거나 관심을 덜 쏟은 정도와도 다른 차원이었다. 그랬다면 적어도 그 아이들이 교실에 있다는 사실은 인식했을 테니까.

현종이를 비롯한 세 아이는 너무 조용해서 아이들 사이에서도 존재감이 없었다. 다른 아이들이 모두 어울려 공을 차는 시간에도 운동장 구석에서 돌을 줍고 있던 아이들, 노는 시간에도 의욕을 보이지 않고 주변만 맴돌던 남자아이들…… 그때는 당장 말썽을 일으켜서 애가 타게 하는 아이나 기특한 행동을 해서 고개가 절로 돌아가는 아이들만 내 눈에 들어왔다. 특히 가출한 아이들에게 쏟은 내 관심은 지금 돌이켜봐도 유난했다. 가출한 아이에 대한 정보가 입수되면 언제든 어디든 가리지 않고 달려갔다. 학교로 돌아오면 어떻게든 그 아이가 처한 상황을 이해하려 했고, 징계를 받지 않게 해주려고 애를 썼다.

그 와중에 현종이는 철저히 내 시야 밖에 방치되어 있었다. 아마 현종이 어머니가 나와 부딪치지 않았다면, 현종이가 나에게 저항하지 않았다면 졸업 때까지도 그런 아이들이 있는 줄도 모르고 지나쳤을 것이다.

그렇지만 그 아이들은 나를 보고 있었다. 날마다 내가 봐주기를 기다리며 지켜보고 있었다. 말썽을 피우는 아이들 때문에 이리 뛰고 저리 뛰며 속상해하고, 때로는 울기도 하는 나를 관찰하며 저희들의 이름을 불러주는 순간을 기다리고 있었다. 너도 나도 좋다고 환호하는 선생이 자기들에게도 좋은 선생임을 확인시켜주기를 애타게 바라고 있었다.

어쩌면 현종이가 가장 목을 길게 빼고 나를 기다렸는지도 모른다. 기다리다 지쳐 급격하게 마음이 식어갔는지도 모른다. 어쩌면 처음 현종이의 반항은 내게 보낸 신호였는지도 모른다. 나도 여기 있다고, 나를 좀 봐달라고 부르짖는 신호. 그렇다면 가출은 현종이가 내게 보낸 마지막 신호였을 것이다. 가출하는 아이들에게 쏟는 내 관심을 익히 보아온 터이니까.

그런데 나는 그 아이가 보낸 신호를 단 한 번도 알아차리지 못했다. 알아차리기는커녕 철저히 왜곡했다. 현종이가 뱉은 욕설마저도 다급하고 애달픈 신호였는데 몰랐다. 다만 그때 현종이는 내가 반드시 굴복시켜야 할 대상이었을 뿐이다. 모든 아이들이 환호하고 갈채하는 내게 대들어서 내 존재감에 상처를 입힌 문제아였다. 뿐이랴. 그런 아이 때문에 학부모와 적절치 못한 만남으로 얽혀서 당당하고 떳떳해야 할 내 자존심에 흠집이 나지 않았나. 현종이와 그 어머니에게 억울하게 당했다는 생각으로 나는 분하기만 했다.

처음에 현종이가 내게 반감을 보였을 때 만약 내가 다르게 대했다면 어땠을까? 조용히 불러서 왜 그러느냐고, 무엇이 너를 화나게 했느냐고, 남모르게 속상한 일이 있느냐고 물었다면 어땠을까? 가만히 그 아이의 말에 귀를 기울여주었다면 어땠을까?

내가 정말로 좋은 선생이었다면, 정말로 정의로운 교사였다면 응당 그렇게 했어야 했다. 정말로 정의로웠다면 햇살 같아야 했다. 현종이처럼 어두운 사각지대에 있는 아이에게도 여지없이 골고루 빛을 비춰주는 햇살.

그러나 나는 좋은 선생이 아니라 좋은 수완을 지닌 선생이었을 뿐이다. 좀 색다른 방식으로 아이들을 휘어잡아서 내 편으로 만들 줄 아는 수완을 가진 교사. 그 수완으로 인기를 얻고, 그 인기로 아이들을 굴복시키는 데서 만족감을 느꼈던 것이다. 좋은 선생이 아니라 좋게 보이는 선생이었던 것이다. 아이들을 만족시키는 게 아니라 아이들 눈에 비친 나 자신의 모습에서 만족을 느끼는 쪽에 더 관심이 많았다.

그런 내 실체를 그때는 나도 몰랐다. 그렇지만 현종이와 두 친구는 낱낱이 파악하고 있었다.

"선생님, 현종이랑 걔네들 알죠? 걔네들이 선생님 싫대요. 선생님이 예쁜 아이들만 좋아하고 차별한다고 싫대요. 웃기죠?"

졸업 무렵, 어떤 아이가 가볍게 전해준 이야기를 듣고 돌아서며 나는 두 눈을 감아버렸다. 전혀 웃기지 않았다. 정곡을 찔린 느낌이었다. 나는 잘못한 게 없다고, 나는 그런 사람 아니라고 외치고 싶지만 내 무의식은 알고 있었던 것이다. 나는 시종일관 현종이에게 떳떳하지 않았다는 사실을 말이다.

그렇지만 그 순간에도 나는 나만 보고 있었다. '차별하는 선생'이라는 말을 내가, 차별받아 봐서 그 심정을 아주 잘 안다고 여기는 내가 듣게 될 줄은 정말이지 꿈에도 몰랐다. 몹시 속상했다. 진심은 그게 아닌데, 나는 다만 그 아이들을 보지 못했을 뿐인데 그런 얘기를 듣게 되다니 말이다. 나는 끝내 그 아이들의 상처는 헤아리지 못하고 내 상처만 억울해했다. 그리고 한편으로는 부끄러웠다. 아무리 부정하고 변명해도 어쩐지 틀린 말이 아닌 것 같아서 얼굴이 화끈거렸다. 나 스스로를 볼 낯이 없을 만큼 창피해서 아예 현종이를, 현종이와 어울리던 두 아이를 기억 속에 묻어버렸던 것이다.

그리고 10년이 지난 지금에야 나는 간신히 용기를 내보려고 한다. 그때 하지 못했던 얘기를 현종이들에게 전하고 싶다. 너희들 많이 아팠겠다고, 너희들도 다른 아이들과 똑같이 사랑받고 싶고 관심받고 싶었을 텐데 끝내 그쪽으로 눈길을 주지 않아서 미안하다고, 다들 좋다고 환호하는 선생에게 외면당해서 더 상처가 컸겠다고, 누구에게나 잘해주는 것처럼 보이는 선생한테 차별받아서 더 쓰라렸겠다고…….

마침내, 나 자신과 화해하다

"마음과 생각, 헷갈리지. 구분하는 방법이 있어. 생각은 옳고 그름을 판단하고, 마음은 좋고 싫음으로 나타나. 맞춰봐. 새벽에 알람이 울려. 일어나야 하는데, 는 생각이냐 마음이냐?"

여기저기서 자신 없는 목소리로 생각이요, 마음이요, 웅성거렸다. 그러자 쿨샘이 설명했다.

"일어나야 하는데, 는 일어나야 옳다는 거잖아. 안 일어나면 안 옳다 는 거지. 그럼 뭐야."

"생각이요!"

다들 입을 모아 소리쳤다.

"알람은 울리는데 더 자고 싶다, 더 자면 좋겠다, 는 뭐야."

"마음이요!"

"바로 그거여! 광화문 한복판에서 빅뱅 태양한테 백허그를 받고 싶다, 이건 뭐야?"

"꺅! 완전 마음이요!"

"여기서 헛꿈 꾸지 말아야지, 는 뭐고?"

"생각이요."

"헷갈리면 이것만 잊지 마. 옳고 그름이냐, 좋고 싫음이냐. 오케이?"

"네!"

"근데 생각이랑 마음이 붙으면 누가 이길까?"

(중략)

"마음은 진짜 마음대로 안 되는 거야. 어떤 새끼가 미워 죽겠어. 꼭
한 번 패주고 싶어. 이성이 있으니까 꾹꾹 참고는 있는데 참을수록 더
미워져. 참는 건 생각이고, 미운 건 마음이지. 참고 참고 또 참으면 미
운 게 없어질까? 아니면 폭발할까?"

'폭발이요……'

나는 속으로 대답했다. 참는 것과 폭발하는 것의 상관관계는 누구
보다 잘 아는 나였다. 고개를 끄덕이는 아이들이 많은 걸로 봐서, 나만
아는 사실은 아닌 것 같았다.

"마음은 생각으로 억누른다고 사라지는 게 아니야. 좋은 마음이든,
싫은 마음이든, 억누르면 사라지는 게 아니라 숨어 있는 것뿐이야. 억
눌린 건 언젠가는 터지지. 근데 억눌린 마음을 없애는 방법이 있어. 저
절로 스르르 풀어지게 하는 방법."

귀가 솔깃했다.

"간단해. 마음을 알아주는 거야. 싫은지 좋은지, 슬픈지 기쁜지, 그

때그때 알아주는 거."

– 박수현《열여덟 너의 존재감》중에서

나는 우연한 기회에《열여덟 너의 존재감》이라는 소설에 등장하는 '쿨샘'의 모델이 되었다. 인용한 부분은 쿨샘의 입을 빌어 마음의 속성에 대해 설명하는 장면이다. 현종이를 만났을 때 내가 저와 같은 마음의 속성을 알았다면 어땠을까? 분명한 건 그때 현종이의 마음을 알아주는 사람이 아무도 없었다는 것이다. 어머니도 아버지도 선생도 친구들도, 그리고 현종이 자신도 제 마음을 알아주지 않아서 분노가 쌓여갔다.

현종이만 그랬던 건 아니다. 나도 마찬가지였다. 아이들 때문에 아프고 속상하고, 교무실에서 이리저리 부딪치며 화가 나기 일쑤인 내 마음을 아무도 알아주지 않았다. 도무지 풀리지 않는 마음 때문에 건강을 해치는 지경에까지 이르렀다. 마음은 알아주면 풀어지고 알아주지 않으면 극렬하게 저항한다는 것도 그때는 몰랐다.

내가 그런 마음의 작용을 어렴풋이나마 알아차린 건 교직 3년을 넘길 무렵이었다. 첫 발령지를 떠나 도시에 있는 학교로 옮긴 다음이었다. 그곳에서도 내가 아이들과 생활하는 방식은 크게 다르지 않았다. 교무실에서는 여전히 거리낌 없이 문제 제기를 하며 지냈다. 그런데 달라진 게 딱 한 가지 있었다.

"장 선생, 참 대단하다. 아이들이랑 어떻게 그렇게 재미있게 지

내? 나도 배워야겠다."

"그렇지? 조직에 문제가 많지? 그래도 장 선생 같은 사람이 자꾸만 문제점을 지적해주니까 조금씩 발전하는 거야. 제법인데! 아주 잘하고 있어."

지지와 격려.

처음 동료와 선배들이 지지와 격려를 해주고 내 마음을 알아주었을 때 나는 어리둥절했다. 내가 하는 일에 힘을 보태주는 사람이 있다는 사실 자체가 놀라웠다. 그리고 고마웠다. 눈시울이 뜨거워질 만큼 따뜻했다. 내 생활은 그 전과 같았지만 내 마음은 놀라우리만치 달라졌다. 내가 노력하면 노력하는 줄 알아주고, 내가 화를 내면 화 내는 이유에 공감해주고, 어떤 일에 도전하면 잘하라고 응원해주는 동료들이 있다는 게 그렇게 든든할 수 없었다. 나는 늘 서툴고 미움받는 사람인 줄 알았는데 잘한다는 격려를 받으니 내 안에 차갑고 단단하게 맺힌 응어리 하나가 사르르 녹는 느낌이었다. 치유의 느낌이었다. 행복이라는 게 어쩌면 마음에 달렸는지도 모른다는 사실을 어렴풋이 깨달았다.

그때부터 나는 바깥으로 에너지를 분출하기 시작했다. 그 전까지는 마음의 문을 걸어 잠그고 사람을 만나지 않았다. 이제는 이런저런 모임에도 나가기 시작하고, 취향이 같은 교사들과 연극 공연도 함께했다. 비로소 숨을 쉬는 게 시원해지고 있었다. 내가 안전한 울타리 안에 있다는 포근함이 느껴졌다.

그 무렵, 우연처럼 필연처럼 '마음'이라는 것과 정면으로 마주할 기회를 가졌다. 4박 5일에 걸쳐 집중적으로 내 마음을 들여다보는 프로그램에 참여한 것이다. 그토록 치열하게 내 마음과 대면해보기는 처음이었다. 그 과정에서 나는 새로운 사실을 알게 되었다. 다른 사람에게 의지하지 않고 나 스스로 내 마음에 공감해줄 수 있다는 거였다. 내가 내 마음을 알아주기 시작하면 굳이 다른 사람의 도움을 받을 필요가 없어진다는 거였다.

누군가에게는 진부하고 지극히 상식적인 얘기인지도 모르겠다. 그렇지만 나는 완전히 새로운 세계를 만난 느낌이었다. 화난 나를 내가 화났구나, 하고 알아주기, 우울한 나를 내가 우울하구나, 하고 알아주기, 쓸쓸한 나를 내가 쓸쓸하구나, 하고 알아주기…….

내 마음 내가 알아주기.

그런데 생각만큼 쉽지 않았다. 순간의 감정에 날카롭게 깨어 있지 않으면 놓치기 쉬운 게 마음이라는 거였다. 화가 치솟는 순간, 네가 지금 화가 났구나, 화가 나서 속상하구나, 하고 진심으로 그 순간의 마음을 알아차리는 건 생각보다 천 배는 힘들었다. 모든 공부가 그렇듯이 마음공부 또한 숱한 연습을 거듭해야 일정한 수준에 이른다고 스승은 말했다.

일어나는 마음들을 알아차리는 가장 효과적인 방법은 호흡을 지켜보는 일이라고 한다. 찰나, 찰나 쉼 없이 흘러가는 시간의 흐름을 가장 실감나게 느낄 수 있는 게 호흡이기 때문일 것이다. 한 번의 호흡을 둘러싸고 과거와 현재, 그리고 미래가 펼쳐지기 때문일 것이다.

숨을 들이마시는 순간은 현재다. 내쉬는 순간 조금 전 현재였던 시간은 곧장 과거로 흘러간다. 다음에 들이마실 호흡은 가장 가까운 미래다. 그러니 호흡을 놓치지 않는다는 것은 지금, 여기, 현재에 가장 정직하게 깨어 있다는 뜻이다. 오직 현재의 호흡에만 집중하면 영원히 지금, 여기에 살게 된다. 이미 지나간 일에 사로잡혀 후회하거나 자책하지 않아도 되고, 아직 오지 않은 미래에 대한 두려움 때문에 전전긍긍하지 않아도 된다.

실상은 사뭇 달랐다. 나는 단 3초도 호흡에 집중하지 못했다. 끊임없이 올라오는 생각들 때문이었다. 한 호흡에 그토록 많은 생각을 일으킬 수 있다는 게 놀라웠다. 숨 한 번 들이쉬는 동안 그날 만난 얼굴들, 자잘하게 겪은 사건들, 앞으로 해야 할 일들까지……, 생각이 해일처럼 밀려들었다. 심지어는 '생각하지 말아야지' 하는 생각까지 그야말로 생각의 홍수에 빠져버렸다. 한심하기 짝이 없는 내 집중력을 두고 하소연하자 스승은 이렇게 설명했다.

"누구나 그렇습니다. 생각이 떠오르거든 그 생각을 보고 가볍게 흘려보내세요. 그리고 다음 생각이 떠오르면 또 보고 가볍게 흘려보내세요."

"호흡에만 집중하면 무슨 생각이 그리 많이 떠오를까요? 평소에는 안 하던 생각까지 떠오릅니다."

"없던 생각이 아닙니다. 단지 의식하지 못하고 산 것뿐이죠. 늘 새로운 생각에 사로잡히느라 다른 생각들이 있다는 걸 알아차리지 못한 겁니다."

"새 생각이 떠오르면 헌 생각은 사라지는 게 당연한 것 아닐까요?"

"사라지는 게 아니라 숨는 거죠. 비유하자면 생각은 먼지와 같습니다. 창틈으로 햇빛이 스며들면 빛줄기를 타고 먼지들이 춤을 춥니다. 햇빛이 먼지를 몰고 왔을까요? 아닙니다. 숨어 있던 먼지들이 환한 햇살 아래 실체를 드러낸 것뿐이죠. 생각도 그렇습니다. 호흡에 집중하는 순간은 햇빛과 같고, 그 순간 떠오르는 생각은 햇살에 드러난 먼지와 같은 것입니다."

"생각이 먼지 같은 거라면 차라리 안 보이는 게 낫지 않을까요? 그게 더 속이 편하지 않을까요?"

"안 보이던 먼지가 보이면 처음에는 마음이 불편하지만 이내 청소를 하고 싶죠. 먼지를 싹싹 닦아내면 집이 말끔해집니다. 생각도 똑같습니다. 떠오르는 생각을 똑바로 보면 사라집니다. 그 생각에 사로잡히거나 끌려들어가지 않고, '아, 이런 생각이 있었구나' 하고 보면 곧장 사라집니다. 그렇게 보고 흘려보내고, 다시 호흡에 집중합니다. 먼지는 걸레로 닦아서 청소하고, 생각은 그 실체를 봐주는 걸로 청소하는 거죠. 들끓는 생각을 없애나가면 마음이 맑아집니다."

"올라오는 생각을 본다는 게 알아준다는 뜻입니까? 네가 거기 있었구나, 네가 화가 났구나, 네가 쓸쓸하구나⋯⋯, 그렇게 알아주는 것과 같은 뜻입니까? 그동안 알아주지 않아서 사라지지 않았던 것입니까?"

"맞습니다. 나 좀 한 번 봐주기를 애타게 바라는 사람이 있는데 끝내 외면하면 어떻습니까?"

"서운합니다."

"서운하다 못해 화가 나죠. 깊은 상처가 생기죠. 생각도 그렇습니다. 그 속에 깃든 어떤 마음은 그 마음의 주인이 너무 오랫동안 외면하고 방치하면 상처를 받고 웅어리집니다."

"그래서 이따금 까닭 없이 우울하거나 슬픈 감정이 드는 걸까요?"

"까닭이 없는 게 아니죠. 마음의 주인이 봐주지 않아서, 사랑해주지 않아서 그런 거니까 까닭이 있죠. 화초도 주인이 자주 사랑한다고 말해주면 더 화사해진다고 하지 않습니까. 하물며 인간의 마음은 어떨까요. 어떤 마음이든 외면하지 않고 그 존재를 인정하고 받아들여주면 웅어리로 맺히지 않습니다."

"그럼 하찮은 마음보다 웅어리진 마음을 먼저 봐주어야 하겠네요?"

"웅어리가 단단할수록 깊은 곳에 숨어 있습니다. 그 또한 먼지와 같죠. 가벼운 먼지는 풀풀 날리기도 하고 살짝 가라앉기도 하지만 찌든 먼지는 맨 밑바닥에 들러붙어 있지 않습니까. 표피에 붙은 먼지부터 닦아내야 찌든 먼지를 청소할 수 있죠."

"휴, 지름길이란 없는 셈이네요."

"네. 밉고 수치스럽다고 주인이 고개를 홱 돌려버린 마음일수록 깊은 곳에 숨어 있습니다. 외면당할수록 움츠러드니까요. 몇 년, 몇 십 년씩 그렇게 갇혀 있는 마음도 있습니다. 어둡고 차가운 콘크리트 바닥 같은 곳에 웅크린 채 말입니다. 그곳에 도달하기까지 어지럽게 널린 잡동사니를 먼저 치워주어야겠죠."

"먼지처럼……, 덜 무거운 마음부터 봐줘야 한다는 뜻입니까?"

"그렇습니다."

"마침내 그 마음을 만나면 어떻게 됩니까? 우울하고 슬픈 증상이 씻은 듯이 사라집니까?"

"막상 그 마음과 대면하는 순간은 전보다 더 힘들 수도 있습니다. 너무 오래 혼자 외로웠는데 누가 내 이름을 따뜻하게 불러주면 어떨 것 같습니까?"

"반갑기도 하고……, 왈칵 눈물이 날 것 같습니다."

"눈물이 나겠죠. 서럽기도 할 겁니다. 그동안 힘들었는데, 외로웠는데, 왜 이제야 불러주느냐고 하소연하겠죠. 마음도 그렇습니다. 너무 오랜만에 만나면 서러움이 먼저 느껴지기 쉽습니다. 그래서 처음엔 오히려 힘들 수도 있습니다. 하지만 힘들었던 그 마음을 꼭 안아주면 비로소 응어리가 풀립니다. 우울하고 서글펐던 마음도 그제야 사라집니다. 그것이 마음을 있는 그대로 봐주는 과정입니다. 그리고 오래 방치했던 자신과 화해하는 과정입니다. 자신을 사랑하는 길입니다."

"저는 늘 제 자신을 사랑한다고 생각하는데요?"

"생각이겠죠. 우리는 의외로 자신을 사랑하지 않습니다. 남에게 사랑받기를 더 원하죠. 남이 사랑해주지 않으면 화가 나고 속상해

합니다. 남처럼 되고 싶다고, 남처럼 되지 못한다고 자신을 다그치죠. 나 자신이 아니라 남에게 잘 보이고 싶어 합니다. 정작 자신의 마음이 어떤지는 관심이 거의 없습니다. 사랑한다면 그럴 수는 없죠."

"……."

"가장 사랑해야 할 자신과 반목하느라 몸이 아프고 마음이 아픕니다. 하지만 언제라도 자신을 있는 그대로 보고, 있는 그대로 받아들이면 사랑은 시작됩니다. 그동안 사랑하지 않아서 생긴 상처도 치유됩니다. 내 상처를 스스로 치유하면 남의 상처도 따뜻한 마음으로 이해하게 됩니다."

사랑. 사랑하면 이해되고, 사랑하면 용서할 수 있고, 사랑하면 주변의 시선에 흔들리지 않을 힘이 생긴다.

사랑을 해본 사람이라면 공감할 터이다. 사랑하는 사람에게는 큰 노력 없이도 이해와 용서가 저절로 이루어진다. 그런데 그런 사랑을 나 자신에게 베풀어본 기억이 나는 정말로 없었다.

마음에 관심을 가진 교사들 모임에 참여하면서 내가 시작한 공부는 바로 그것이었다. 나 자신을 사랑하는 법. 그 모임에서 가장 핵심을 차지하는 과정은 '마음 나누기' 시간이었다. 말 그대로 서로의 마음을 꺼내놓고 공유하는 간단한 프로그램이다.

처음에는 그 자리가 몹시 낯설고 불편했다. 또한 사람들이 꺼내놓을 문제를 지레 짐작하고는 거부감이 들었다. 틀림없이 모범생 출신의 잘난 교사들이 학교 문제로 신세 한탄을 늘어놓을 줄 알았던 것이다.

그런데 아니었다. 그 자리에 모인 교사들 한 사람 한 사람이 모두 한 인간으로서 너무 아픈 존재였다. 너무 나약한 사람들이었다. 나와 똑같이 괴로운 사람들이었다. 마음속에 오랜, 깊은 상처를 지닌 채 어쩔 줄 몰라 하는 모습을 보며 어느 순간부터 내 경계심이 무너지고 있었다. 상처 때문에 아프고 헤매는 사람들을 보며 스스로를 돌아보게 되었다.

나도 저 사람들처럼 나한테 가혹했구나. 내 아픔에서 벗어나려고 몸부림치고, 그 상황을 부정하기 바빴을 뿐, 그 아픔을 따뜻하게 봐준 순간이 없었구나.

그랬다. 나는 나 자신에게 지나치게 가혹했고, 자신을 못마땅하게 여기고, 자책하고, 내가 가진 모든 걸 부정하면서 살아왔다. 부모뿐만 아니라 나 자신에게도 손톱만큼의 연민이 없었다. 상황이 여의치 않다고, 몸이 아프다고, 그래서 하고 싶은 일을 못하고 좌절했다고 화만 내고 있었다.

그런 나 자신을 있는 그대로 보면서 나 자신과 화해하기까지는 긴 시간이 필요했다. 나는 다른 사람의 얘기를, 그리고 나 자신의 마음을 잘 들으려고, 잘 보려고, 잘 느끼려고 해보았다. 그러자 한 가지씩 보이기 시작했다. 내 가족의 문제, 내 문제, 되풀이되는 상황과 그에 습관적으로 대처했던 내 반응이 보이기 시작했다.

아이들도 새롭게 다가왔다. 나는 늘 아이들을 사랑한다고 생각했지만 제대로 사랑하는 방법은 몰랐다. 늘 아이들을 위한다면서도 제대로 위하는 게 어떤 것인지 몰랐다. 나 자신을 사랑하고 위하는 방법을 몰랐으니 당연한 일이었다. 그래서 사랑한다면서도, 위한다면서도 나는 늘 힘이 들었던 것이다.

마음의 작용에 눈을 뜨면서 학교에서 아이들을 대하는 내 태도도 조금씩 달라지기 시작했다. 특히 이른바 '문제아'를 상대할 때 그 차이점이 더 뚜렷하게 드러났다.

3장

뮨제야?
마.음.이. 뮨제!

아이들은 무기 하나씩을 들고 견디고 있다

교사가 되기로 결심하기까지는 많은 고민이 따랐다. 사범대를 다니면서도, 사범대 회장 노릇을 하며 교육 문제에 관심을 가졌으면서도 학교 조직에는 그다지 관심이 가지 않았다. 임용고시를 준비하는 흐름에 끼어드는 게 선뜻 내키지 않았고, 치열하게 경쟁하는 구도에 들어가 견딜 자신도 없었다.

내가 원한 것은 유학이나 자유롭게 여행하는 삶이었다. 그러기 위해 학원 강사를 해서 경비를 마련할 계획도 세워놓은 터였다. 그런데 공교롭게도 그 무렵 IMF 사태가 터졌다. 경제는 얼어붙었고 어렵지 않게 구할 거라고 믿었던 학원에도 일자리가 없었다. 실업 상태로 부모님 집에 얹혀 있는 것도 힘들었다. 늘 벗어나고 싶었던 집이었으니까.

나는 지극히 현실적인 고민을 시작했다. 경제적으로 자립할 수 있는 수단이면서 내 성향과 잘 맞는 일이 무엇일까? 고민 끝에 임용고시를 보기로 결심했고, 다행히 합격을 했다.

마침내 나는 교사가 됐고, 교실에서 초롱초롱한 눈빛으로 환영해주는 아이들을 만났다. 그때 나는 어떤 아이와도 잘 지낼 수 있다는 믿음을 갖고 있었다. 그 순간 나는 정말이지 행복했다. 그 행복한 순간, 나와 눈인사를 나눈 아이 가운데 성희도 있었다.

성희는 귀여운 생김새에 무척 밝고 착한 성격을 지닌 아이였다. 겉모습만으로는 또래 아이들과 달라 보이는 게 전혀 없었다. 다만 한 가지, 근처 도시 학교에서 전학을 왔다는 사실만 달랐다. 그 사실 하나 때문에 부정적인 편견이 꼬리표처럼 따라붙어 있었다. 멀쩡한 시내 학교를 다니다가 굳이 조그만 시골 학교로 전학한 데는 다 이유가 있을 거라는 편견이었다. 이를테면 전에 다니던 학교에서 말썽을 피워 쫓겨난 아이일 거라는 편견, 그러니 가까이 지내서 좋을 게 없을 거라는 편견 같은 것.

동료 교사들이나 아이들을 통해서 그런 정보를 들은 나는 성희를 만난 자리에서 짐짓 다짜고짜 물었다.

"너 사고 쳤니?"

대답을 바라고 한 질문은 아니었으므로 그 질문 끝에 나는 곧바로 이렇게 덧붙였다.

"과거야 어떻든 난 너에 대해서 아무것도 몰라. 그리고 알고 싶지도 않아. 그러니까 너는 지금부터 나한테 새로 이미지를 쌓는 거야. 너는 나를, 나는 너를 새로 알아가는 거야. 그러니까 애들 사이에서 너무 튀려고도 하지 말고, 누구한테 잘 보이려고도 하지 말고 그냥 재미있게만 보내라.”

성희는 내 말에 대꾸하지 않았다. 순하고 얌전한 얼굴로 잠자코 듣기만 했다.

그 뒤로 나는 성희를 조심스럽게 지켜보았다. 부임 첫날의 자신감과 달리 속으로는 어느새 걱정이 피어오르고 있었다. 생활기록부를 살펴보니 무단결석과 가출 전력이 있었기 때문이다.

그런데 내 걱정과 달리 성희는 여전히 밝고 명랑하게 지내고 있었다. 담임인 나에게 예쁨 받고 싶어 하는 모습도 귀여웠고 친구들과도 진심으로 잘 지내는 것 같았다. 그래서 나도 진심으로 칭찬해 주었다.

“성희야, 너는 어쩌면 그렇게 예쁘고 애들한테도 잘하니? 선생님은 네가 정말 기특하다.”

그런데 잘 지내는 것 같던 성희가 어느 날 학교에 나오지 않았다. 집에 전화했더니 아프다고 했다. 그러려니 하고 다음날 나왔기에 물었다.

“많이 아팠니?”

“실은…… 아빠한테 맞아서 못 나왔어요.”

“…….”

말문이 턱 막히고 가슴이 쿵 내려앉았다. 도저히 믿지 못할 얘기를 하면서도 아이 얼굴은 해맑기 그지없었다. 나는 심호흡을 한 번 하고 물었다.

"왜, 왜 맞았는데?"

"사복으로 갈아입고 친구들이랑 좀 돌아다녔는데 누가 보고 아빠한테 일렀나 봐요. 그래서 맞은 거예요."

"어디 한 번 보자."

나는 성희를 잡아끌어 소매를 걷어 보았다. 팔뚝에 시퍼런 멍이 잔뜩 들어 있었다. 순간 피가 거꾸로 솟는 듯했다. 그렇지만 아이 앞에서 무턱대고 감정을 드러낼 수 없었다. 더구나 제가 당한 일이 아무것도 아니라는 듯 무심한 아이 얼굴을 보니 순간적인 감정으로 대처할 일이 아니라는 생각이 들었다.

"그러니까 사고 치지 말고 조심 좀 해. 알았니?"

그날은 그렇게 타일러서 돌려보냈다. 그렇지만 마음은 편치 않았다. 눈길이 자꾸 성희에게 갔다. 다행히 성희는 여느 때와 다름없이 밝은 얼굴로 소풍도 다녀오고, 아이들과도 친하게 지냈다. 나는 틈날 때마다 성희를 불러서 짐짓 가벼운 말투로 물었다.

"너, 전학하기 전에 어울리던 애들이랑 지금도 만나니?"

"아뇨."

"이놈의 지지배, 너 혹시 술 마시고 담배 피냐?"

"아니에요! 진짜…… 진짜로 담배는 안 피워요."

"생활기록부 보니까 가출도 했던 것 같은데, 그땐 괜찮았나?"

"죽을 만큼 맞았죠 뭐."

그런데 성희랑 얘기를 나누다 보니 이상한 점이 있었다. 묻는 대로 꼬박꼬박 대답도 잘하고, 무거운 얘기도 가볍게 툭툭 털어놓는 아이인데 이상하리만치 엄마 얘기는 입에 올리지 않았다. 그 일이 가슴을 묵직하게 짓누르던 차에 성희가 갑자기 사흘 내리 결석하는 일이 생겼다. 기다리면 오겠지, 오겠지 하다가 사흘째 되는 날 성희 어머니에게 전화를 했다.

"죄송합니다…… 애가 아파서 못 보냈어요……."

아무래도 석연치 않았다.

"어머니, 안 그래도 어머니를 뵙고 싶었는데요, 내일 학교로 좀 오시겠어요?"

이튿날 학교에 온 성희 어머니를 붙들고 나는 조심스럽게 물었다.

"어머니, 성희한테 무슨 일 있는 거죠? 혹시 또 아빠한테 맞았나요?"

당황한 기색은 잠시, 성희 어머니는 체념한 듯 고개를 끄덕였다. 가슴이 날카롭게 베인 것처럼 아팠다.

"어머니가 좀 말리시지 그랬어요?"

"애 아빠가…… 무서워서……."

맞는 아이는 아빠가 무섭다는 소리를 안 하는데, 어머니는 남편이 무서워서 자식이 맞는 걸 말리지도 못한다는 거였다. 그 어머니가 얼마나 무기력하고 주눅이 들어서 살고 있는지 말 안 해도 알 것 같았다. 그렇다고 마냥 동조할 수도 없는 노릇이었다.

"어머니, 이유야 어떻든 여자아이가 심하게 맞으면서 자라는 건 큰 문제입니다."

"알지만…… 애 아빠가 워낙 다혈질이라……."

"그래도 애가 맞으면 어머니가 말려주세요. 그리고 내일은 꼭 학교에 보내세요."

이튿날 다행히 성희는 학교에 나왔다. 나는 성희를 붙잡고 간곡하게 얘기했다.

"앞으로 집에서 무슨 일이 생기면 꼭 나한테 얘기해라. 내가 도와줄게. 그리고 지금부터 너희 부모님께 너에 대한 얘기를 할 기회가 있으면 선생님이 칭찬만 할 거야. 그러니까 너도 다시는 아빠한테 맞지 않도록 조심하면 좋겠다. 제발, 다시는 맞지 마라."

나는 실제로 성희 집에 전화해서 아이를 마구 칭찬해주었다.

"어머니, 얼마 전에 중간고사 봤는데 성희가 성적이 올랐어요. 애가 얼마나 똑똑한지 몰라요. 애들이랑도 친하게 잘 지내고, 밝고 명랑하고 ……."

칭찬 끝에 이렇게 신신당부하는 것도 잊지 않았다.

"어머니, 부탁 하나만 할게요. 제가 성희를 이러이러해서 칭찬하더라고 성희 아버지께 꼭 좀 전해주세요. 꼭이요."

나는 그렇게 해서라도 아이의 아버지가 딸을 믿어주기를, 제발 폭력을 멈춰주기를 바랐다. 그러던 어느 날 성희가 넌지시 쪽지 한 장을 건넸다. 펼쳐보니 이런 내용이 들어 있었다.

'선생님, 우리 엄마 아빠한테 제 칭찬해주셔서 정말 감사합니다.'

그 뒤 성희는 전보다 더 밝아지고 공부도 더 열심히 했다. 무엇보다 다시는 맞는 일이 없었다. 적어도 나와 함께 지내는 동안만큼은.

그러다가 그해 가을 다른 곳으로 전학을 했다. 전학하기 전 성희는 내게 속내를 털어놓았다. 다음에 크면 꼭 엄마를 데리고 집을 나갈 거라고. 그것이 꿈이라고. 그런 성희에게 나는 고작 이런 대답밖에 해줄 수가 없었다.

"그래라. 어쨌든 그때까지는 부모님 밑에서 잘 붙어 있고, 능력이 되면 독립해라."

성희의 보잘 것 없는 꿈 이야기를 들으며 나는 자연스럽게 내 어린 시절을 떠올렸다. 그 아이의 마음을 헤아릴 수 있을 것 같았다. 성희도 내가 그랬던 것처럼 집에서 벗어나고 싶은 거였다. 그런 꿈을 품을 때 아무도 몰래 가지는 죄책감 하나도 나는 알고 있었다. 부모를 떠나겠다는 의지가 어쩌면 부모를 버리겠다는 마음일지도 모른다는 가슴 서늘한 죄책감. 나중에 꼭 엄마를 데리고 집을 나가겠다는 성희의 다짐은 어쩌면 그 죄책감에서 비롯된 것은 아니었는지.

성희가 학교에 와서 그토록 밝은 모습을 보인 건 방어본능이었는지도 모른다. 집에서의 생활과 학교에서의 생활을 분리시키지 않으면 살 수 없을 것 같은 마음, 자신에게 닥친 상황을 잊어버리고 싶은 마음에서 비롯된 방어본능. 언젠가 내가 붙잡고 견뎠던, 그래서 몹시도 낯익은 그 본능.

성희를 보고, 성희를 통해서 나를 보고, 그리고 교실을 둘러보니 아이들은 저마다 하나씩 허약한 무기 하나씩을 붙잡고 나날을 견디고 있었다. 누군가는 학교에 오기만 하면 잠을 자고, 누군가는 멍을 때리고, 누군가는 악악 소리를 지르고 …….

그런 아이들의 실상이 눈에 들어오면서부터 내 괴로움도 서서히 커지기 시작했다. 가장 큰 괴로움은 무력감이었다. 내 힘이나 의지로 어찌 해볼 수 없다는 무력감. 그 무력감은 이내 쉬 아물지 않는 상처로 변해갔다. 그리고 성희는 교사가 되어 내가 처음으로 맛본 쓰린 상처였다.

첫 발령을 받은 학교에는 성희처럼 한편으로는 강하고 한편으로는 한없이 약한 아이들이 많았다. 말 한마디만 따뜻하게 해주어도 온 마음을 기대오는 아이들이었다.

완주도 그런 아이들 가운데 하나였다. 홀아버지 밑에서 오빠와 함께 살아가는 아이. 소풍날에도 제가 먹을 김밥을 제 손으로 싸야 하는 아이. 완주가 소풍날 내 몫의 김밥까지 싸왔을 때 나는 다짐이라도 하듯 스스로를 다독였다. 교사가 되어 그 아이들을 만나기를 참 잘했다고. 그 아이들을 만나서 내가 참 행복하다고.

그러나 그때쯤 나는 또 어렴풋이 직감하고 있었다. 마냥 행복하기만 한 길로 들어선 게 아니라는 것, 순수하게 행복했던 순간은 아이들과 첫 눈인사를 나누던 그때 이미 지나가버렸는지도 모른다는 것, 그다음부터 내가 맛볼 행복에는 어떤 아픔이 내포되어 있으리라는 것을 말이다. 내 직감은 적중했다.

가출하는 아이, 무력감에 빠진 교사

경애는 엄마가 일곱이나 되는 아이였다. 막노동을 해서 살아가는 아버지는 술주정뱅이라고 했다. 동생 넷은 다 배가 달랐다. 1년 전에 경애를 담임했던 동료는 경애를 두고 이렇게 말했다.

"애가 참 착해요. 얼마나 착한지 몰라. 근데 안타까워요. 말도 잘 듣고 부지런하고 공부도 열심히 하는데, 성적이 안 올라요."

맞는 말이었다. 일곱 명이나 되는 새엄마들을 다 '엄마'로 여기고 기꺼이 엄마라고 부르며 따랐다는 경애는 여기저기서 착하다는 소리를 듣고 다니는 참 예쁜 아이였다. 내 눈에도 경애의 태도는 나무랄 데가 없었다. 그래서 그 아이가 가출했다는 얘기를 들었을 때 나는 어이가 없었다. 그렇게 착한 아이가 가출을 했다는 게 믿어지지 않아서였다. 더구나 이전에 가출 전력도 없는 아이였다.

다행히 첫 번째 가출은 2박 3일 만에 끝났다. 돌아온 경애는 나에게 집안 사정을 숨김없이 털어놓았다.

"집에 들어가면 답답해요……."

"가면 할 일이 많니?"

"집에만 가면 할머니가 동생들 돌보라고 하고, 밥해라 청소해라 하면서 꼴쥐 부리듯이 일을 시켜요. 할머니 때문에 숨이 막혀요."

"그래서 집을 나가버린 거야?"

"그날 할머니랑 싸워서 기분이 안 좋았는데 어떤 애가 같이 나가 자고 해서 그냥……."

나는 경애를 야단칠 수 없었다. 언뜻 주워들은 경애의 가정사만 두고 보더라도 그 아이가 살아온 삶이 녹록치 않음을 짐작할 수 있었다. 더구나 부모의 지극한 사랑과 정서적 지원을 받는다고 해도 괜한 반항심으로 날카로워지는 게 사춘기 아이들 아닌가. 그런데 경애는 정서적인 지원은 감히 꿈도 꿀 수 없는 처지였다. 어른들이 일으킨 파도에 휩쓸리지 않고 용케 버텨준 것만 해도 기적 같은 일이었다.

내 가슴이 답답해지고 있었다. 그 아이를 위해서 내가 해줄 수 있는 일이 별로 없다는 무력감 때문이었다. 경애가 겪고 있는 상황을 조금이라도 개선시킬 능력이 내게는 없었다.

"집에…… 못 있겠다는 생각이 자꾸 들어요."

"견뎌봐. 지금은 견뎌라……."

해줄 수 있는 말이 그것밖에 없었다.

그해 6월 어느 날, 경애는 다시 가출했다. 가슴이 철렁 내려앉았다. 돌아오겠거니, 돌아오겠거니, 기대는 하면서도 초조한 마음이 가라앉지 않았다. 그 사이 경애와 친하다는 아이가 내게 와서 말했다.

"선생님…… 경애가 그러는데요, 선생님 때문에 가출한 거 아니래요. 그러니까 걱정하지 마시라고……."

나는 아이의 말이 채 끝나기도 전에 다그치듯 물었다.

"경애랑 연락 되니? 지금 어디 있니?"

"몰라요. 지금은 연락이 안 돼요."

나는 그 길로 교실로 달려가서 혹시 경애와 연락하는 아이가 있는지 물어보았지만 다들 고개만 가로저었다. 그러는 사이 어느덧 일주일이 지나갔다. 가슴이 바짝바짝 타들어가는 것 같았다. 날마다 안절부절못하는 나를 보더니 학생주임이 혀를 차며 말했다.

"장 선생, 가출한 지 일주일이 넘으면 안 돌아올 확률이 높아요. 그건 애가 의식주를 해결할 방법을 찾았다는 뜻이거든."

갑자기 머리가 아득해지며 온갖 장면이 눈앞을 스치고 지나갔다. 힘없고 순진한 여자아이가 당할 수 있는 온갖 나쁜 상황이 그려졌다. 가슴이 두방망이질을 치면서 눈물이 터져 나왔다. 학생주임이 나를 달래는 말을 하고 있었지만 한마디도 귀에 들어오지 않았다. 나는 다시 교실로 달려가서 엉엉 울며 아이들에게 소리쳤다.

"얘들아, 경애 안 돌아오면 안 돼. 꼭 찾아야 돼. 연락 되는 사람 있으면 제발 좀 알려줘!"

울며불며 소리치는 나를 보자 아이들이 술렁거렸다. 절박한 내 마음에 공감하는 눈치였다. 그로부터 몇 시간 뒤, 아이들 몇이 교무실로 찾아와서 경애와 연락이 닿는 아이가 있다고 알려주었다. 나는 곧바로 그 아이를 불러서 취조하듯이 따져 물었다.

"경애랑 언제, 어떻게 연락했니? 지금 어디 있어?"

"저기…… 경애가 메일을 보냈는데요, 지금 시내에 있는 피시방에 있을 거예요."

"피시방? 알았어. 너, 나랑 같이 가자."

나는 그 아이를 차에 태우고 경애가 있다는 피시방으로 달려갔다. 그런데 가는 중에 옆자리에 앉은 아이가 전화 한 통을 받더니 말없이 내 눈치를 살폈다. 퍼뜩, 스치는 생각이 있어서 차를 세우고 그 아이의 전화기를 빼앗다시피 하여 대신 받았다.

"여보세요?"

뚝, 전화가 끊겼다. 틀림없이 경애인 것 같았다. 나는 옆에 앉은 아이를 다그쳤다.

"똑바로 말해라. 경애, 지금 여기 없지?"

아이가 잔뜩 주눅 든 얼굴로 고개를 끄덕였다. 내 가슴이 다시 덜컥 내려앉았다. 순간 어디로 가야 할지 막막했다. 짧은 고민 끝에 차를 돌려 학교로 돌아갔다. 교무실에 들어서자마자 나는 아이를 앉히고 물었다.

"넌 알지? 경애 지금 어디 있는지 알지?"

아이는 잔뜩 겁에 질린 얼굴이었다. 그렇지만 나는 그 아이의 심정을 헤아릴 만한 평정심이 없었다. 그동안 나를 괴롭힌 온갖 안 좋은 상상이 이미 현실이 되어버렸을지도 모른다는 조바심에 나는 아이를 다그쳤다. 자제력을 잃은 내 눈에서 또 눈물이 솟구쳤다.

"말을 해봐! 경애랑 무슨 약속을 어떻게 했는지 모르지만 네가 지금 말을 안 하는 게 경애를 위하는 게 아니야! 너 지금 무슨 짓을 하고 있는지 아니?"

아이는 그제야 쭈뼛거리며 사실대로 털어놓기 시작했다.

"실은…… 경애가 채팅하다가 어떤 남자애 하나를 만났대요. 공주 사는 앤데 그 남자애 아빠가 직장을 구해준다고 해서 공주로 간다고 하더라고요. 아까 전화해서 지금 공주로 가는 중이라고……. 근데 선생님, 그 남자애 아빠가 공주에서 알아주는 깡패래요."

그다음에 내가 어떻게 교감선생님을 찾아갔는지는 기억에 없다. 정신을 차리고 보니 내가 두서없는 설명을 울부짖다시피 토해내고 있었고 교감선생님을 비롯한 동료들이 나를 에워싸고 있었다. 얼마나 그러고 있었을까. 선배 교사가 나를 붙잡고 소리쳤다.

"장 선생 진정해요. 괜찮아, 괜찮을 거라고. 그래도 애가 어디로 갔는지는 알아냈잖아. 나는 말이야, 애가 섬으로 팔려 가기 직전에 대합실에서 찾아 온 적도 있었어요."

진정하라고 건넨 말에 나는 더 크게 울고 말았다. 급박한 상황 앞에서 그보다 더 센 경험담을 듣자니 맞아서 아픈 자리를 다시 얻어맞은 느낌이었다. 이제는 아무 소리도 들리지 않았다. 가슴이 터져나갈 것 같았다. 얼마나 시간이 흘렀을까. 나와 함께 경애를 찾아 나섰던 아이가 와서 새로운 소식을 전해주었다.

"선생님, 경애랑 통화했는데요, 지금 오고 있대요. 공주로 갔는데 남자애가 안 나왔대요. 그래서 이따가 시내에 있는 극장에서 보자고 했어요."

나는 곧바로 경애 아버지에게 전화해서 같이 가자고 했다. 그랬더니 시간이 없어서 못 가겠다는 어처구니없는 대답이 돌아왔다.

"지금 무슨 말씀을 하시는 겁니까? 애가 집을 나간 지 두 주가 넘었습니다."

그제야 마지못한 듯 나오겠다고 했다.

차를 운전해서 나타난 경애 아버지 입에서는 술 냄새가 물씬 풍겼다. 차 안에도 소주병이 이리저리 굴러다녔다. 그 모습을 보자니 저절로 한숨이 새어나왔다. 어쨌든 그런 아버지와 함께 시내 극장에 잠복한 끝에 경애를 붙잡았다.

경애는 2주일 동안 이곳저곳 아는 사람 집에서 신세를 지며 살았다고 했다. 별 탈 없이 돌아와 준 것만으로도 고마울 지경이었다. 돌아오긴 했지만 경애네 집안 형편이 짐작되어 못내 마음이 무거웠다. 차라리 내가 데리고 갈까, 잠시 고민했지만 차마 엄두가 나지 않았다. 내 앞가림도 못하는 처지가 아닌가.

몹시도 소망했던 독립 생활을 시작했지만 나는 여전히 가난의 굴레에서 벗어나지 못한 상태였다. 내가 얻은 거처는 보증금 백만 원에 월세 십만 원을 내는 야산의 허름하고 외딴 집이었다. 이사할 때 어머니가 와서 보고 눈물을 훔칠 만큼 초라한 집이었다. 그 집에는 나 말고도 다른 사람들이 세 들어 살고 있었는데 하나같이 시내 유흥업소에서 일하는 젊은 여자들이었다. 게다가 그즈음 나는 부모님이 진 빚까지 일부 떠안느라 신용불량자 신세로 살고 있었다. 그러니 나와 같이 지낸다고 해서 경애의 환경과 처지가 더 나아지리라는 보장도 없었다.

나는 나와 같이 가자는 소리를 꿀꺽 삼키고 대신 약속만 몇 번이고 받아냈다.

"경애야, 선생님이랑 약속하자. 월요일부터는 꼭 학교에 나온다는 약속이야. 알았지?"

그 말밖에 할 수 없는 나 자신이 한없이 무력했다.

경애는 나와 약속한 날 학교에 왔다. 그렇지만 며칠을 버티지 못하고 다시 가출하고 말았다. 그때가 6월이었는데 이번에는 10월이 다 가도록 돌아오지 않았다. 나와는 연락도 닿지 않았다. 나는 그저 기다렸다. 그동안 경애가 유급당하지 않도록 최선을 다해 손을 쓴 게 그나마 담임으로서 내가 할 수 있는 일의 전부였다. 규정상 수업 일수의 3분의 1을 채우지 못하면 유급인데 다행히 중간에 방학이 끼어 있었다. 방학 기간을 이용해서 이리저리 날짜를 꿰어 맞추며 애를 태웠다.

여름이 가고 가을이 오는 동안 아이들이 이따금 소문처럼 경애 소식을 전했다. 추석 전에는 온대요……, 설 전에는 온대요……. 나는 지푸라기라도 잡는 심정으로 그런 소식에 매달렸다. 그렇게 가을이 깊어가던 중 마침내 경애와 통화가 되었다. 나는 언제 다시 올지 모르는 그 기회를 놓칠 수 없어서 간곡하게 부탁했다.

"경애야, 일단 돌아와라. 와서 얘기하자. 너, 중학교는 마쳐야지. 그리고 고등학교에 가야지. 그러니까 우선은 중학교부터 졸업하자. 꼭 와라, 알았지? 아직 안 늦었어."

경애는 의외로 순순히 그러겠다고 대답했다. 지금 친엄마와 같이 있는데 일주일만 더 있다가 돌아오겠다고 했다. 그리고 정말로 돌아왔다. 훨씬 차분해진 모습으로. 경애는 담담한 목소리로 그동안의 궤적을 털어놓았다.

"처음에는 여기저기 떠돌아다니다가 엄마한테 갔어요. 친엄마요."

경애가 친엄마 얘기를 꺼낸 건 그때가 처음이었다. 경애는 '친엄마'라고 발음했지만 내 귀에는 어쩐지 '그동안 정말 고달팠어요.'라는 말로 들렸다. 엄마를 일곱이나 둔 아이, 많고도 많은 엄마를 두었지만 한 번도 포근하게 마음을 맡길 곳이 없었던 아이가 경애였다. 그러다가 더는 지탱할 수 없어서, 그곳에 가면 잠시라도 쉴 수 있을 거라 여기고 스스로 찾아간 친엄마는 장애인이라고 했다.

"엄마가 너무 보고 싶었어요. 그래서 군산까지 찾아갔어요. 엄마랑 얘기 잘해서 거기로 전학해서 엄마랑 살고 싶었어요. 근데……."

그다음 말은 듣지 않아도 알 수 있었다. 마지막 보루였던 친엄마도 무력한 존재이긴 마찬가지였을 테니까. 먼 길을 거슬러 찾아 온 딸 하나를 책임질 능력이 없는 어머니는 또 얼마나 죄스럽고 막막했을까. 경애는 그런 엄마의 심정을 듣지 않아도 알아차릴 줄 아는 아이였다. 그래서 같이 살겠다는 마음으로 찾아간 엄마를 두고 제

발로 다시 돌아온 거였다.

"이제 집 안 나갈 거예요. 엄마랑 약속했어요. 학교 열심히 다니 겠다고요."

경애는 오랜 방황을 끝낸 듯한 얼굴로 담담히 말했다. 그때 엄마 를 만나고 경애가 조금이나마 치유가 되었는지, 아니면 언젠가 엄 마와 같이하는 삶을 꿈꾸며 새로운 다짐을 했는지, 그건 나도 모르 겠다. 어쨌든 경애는 다시는 가출하지 않았고 무사히 고등학교에 입학했다.

그런데 나는 그 뒤로도 오랫동안 경애를 떠올리면 마음이 무거 웠다. 오랫동안 무력감과 자책의 감정을 오가느라 괴로웠다. 내가 그 아이를 위해서 해줄 수 있는 게 아무것도 없는 현실이 고스란히 내 무능력 때문인 것 같았다. 담임이라면 맡은 아이의 인생에 도움 을 주고 길잡이가 되어야 하는데 그러지 못했다는 자책을 거듭하 다가 자존심이 상할 지경이었다.

그때 나는 경애를 보는 내 마음이 어떤지 알지 못했다. 경애가 처 한 상황을 안타까워하고, 경애를 도와주고 싶어 하고, 경애가 더 나 은 삶을 살기를 바라는 순수하고 선한 내 마음을 보지 못했다. 현 실적으로 그 아이의 삶을 눈에 띄게 바꿀 만한 힘이 내게 없다는 사실을 있는 그대로 받아들이지 못했다. 내게 그런 힘이 없는 건 내 잘못이 아니라는 걸 인정하지 못했다. 담임이라는 이름으로 누 군가의 인생을 눈에 띄게 바꿔놓을 수 있을 거라고 생각했다면, 그 생각이 얼마나 무모한 욕심인지 알지 못했다.

그래서 내 탓이 아닌 일을 내 탓으로 만들고, 애초에 내 능력 밖에 있는 일을 내 '무능'으로 치부하고 괴로워하느라 정작 경애에게는 제대로 도움을 주지 못했다. 그 아이의 마음을 받아주고, 감싸주고, 충분히 격려해주지 못했다. 내 마음을 몰라서 경애의 마음도 헤아리지 못했다. 그 때문에 경애는 내게 오롯이 상처로만 남았다. 의식적으로 잊으려 했으나 오랫동안 나를 아프게 한 깊은 상처로.

교실은 행복해질 수 있다!

조산원(助産員) 교사

슬기로운 교사가 가르칠 때
학생들은 그가 있는 줄을 잘 모른다.
다음 가는 교사는 학생들에게 사랑받는 교사다.
그다음 가는 교사는 학생들이 무서워하는 교사다.
가장 덜된 교사는 학생들이 미워하는 교사다.

교사가 학생들을 믿지 않으면
학생들도 그를 믿지 않는다.
배움의 싹이 틀 때 그것을 거들어주는 교사는
학생들로 하여금 그들이 진작부터 알던 바를

스스로 찾아낼 수 있도록 돕는다.

교사가 일을 다 마쳤을 때 학생들은 말한다.
"대단하다! 우리가 해냈어."

《배움의 도》라는 책에 나오는 한 부분이다.

교직 5년차 무렵, 선배 교사가 선물한 책이었다. 처음에 나는 그 책의 제목이 마음에 들지 않았다. 어쩐지 고리타분하고 지루한 느낌이 들었다.

'뻔한 내용이겠군. 누군들 입으로는 페스탈로찌가 못 될까?'

아니, 책 제목 탓만은 아니었다. 연말에 내 책상에 조용히 책을 두고 간 선배 교사에 대한 선입견도 거부감을 느끼게 한 요인으로 작용했으니까.

선배 교사는 차가운 인상을 풍기는 사람이었다. 내가 힘들어할 때 다른 동료나 선배들은 따뜻하게 위로하고 격려해주는데 그 선배는 달랐다. 힘내라는 말 한마디 건네는 법이 없었다. 나뿐만 아니라 다른 동료들과도 잘 어울리지 않았다. 늘 혼자서 조용히 행동했다. 나처럼 아이들과 떠들썩한 이벤트를 벌이지도 않았고 체육대회 날에도 응원을 독려하는 함성 한 번 지르지 않았다.

그런 사람이 책을 두고 가서 의아했는데 첫 장을 펼친 순간 가슴에 따뜻한 물길이 번지는 것 같았다.

'장혜진 선생님. 1년 동안 선생님 주변에서 선생님 하시는 활동 잘 보고 배웠습니다. 늘 부족한 사람이지만 선생님처럼 에너지 넘치는 좋은 분들이 곁에 계셔서 한 해 한 해 교사로서의 제 삶도 그럭저럭 잘 살아내고 있습니다. 고맙습니다. 좋은 글이라서 함께 나누고 싶었습니다.'

고마웠다. 나보다 10년은 더 교사로 근무한 선배가 좌충우돌하는 후배에게 잘 배웠다니. 무엇보다 같은 교사로 인정받고 존중받은 듯해서 뿌듯한 마음이 들었다.

한편, 그 무렵 나는 아이들과 이렇게 지내고 있었다.

학교 구조 안에서 소신껏 발언해도, 아이들에게 내 나름대로 열의를 쏟아도 동료들에게 칭찬과 격려를 받게 되니 나는 한껏 고무돼 있었다. 그야말로 나는 아이들에게 필사적으로 매달려 지냈다. 어떻게든 아이들과 친하고 싶었다. 그래서 교실에서 아이들과 다 함께 모여 큰 양푼에 밥을 비벼 먹기도 했다. 점심시간에 들이닥쳐서 아이들이 싸온 도시락 반찬을 빼앗아 먹기도 했다. 집으로 아이들을 초대하는 것도 마다하지 않았다. 조그만 원룸에 살던 터라 친한 사람들 예닐곱씩 조를 짜서 차례로 오라고 했다. 초대한 아이들에게 다도를 가르쳐주겠다며 녹차를 우려 주고, 간식을 내주며 수다를 떨었다.

여름방학 때는 반 아이들 모두를 불러내서 야영을 했다. 프로그램은 가지가지였다. 단합을 위한 기합을 주겠다고 엄포를 놓아 같이 뛰고, 구르고, 네 발로 기고…… 놀이는 과격한 종류로 선택했다. 두 팀으로 나눠서 일정한 시간 안에 서로 상대편 사람을 뜯어

내는 놀이, 어깨동무 한 채 앉았다 일어섰다 하기, 학교 한 바퀴 돌기, 인간 청기 백기 놀이…… 거의 모든 놀이가 몸끼리 얽히고 부딪치는 거였다. 그런 집단 놀이를 통해 서로서로 친해지기를 바라는 마음이 깔려 있었다.

체육대회 때는 내가 앞장서서 연습시켰다. 우리 반 아이들이 연습하는 모습을 우연히 본 학부형이 내게 문자를 보낸 일도 있었다.

'선생님, 정말 보기 좋았어요. 아이들이랑 잘 놀아줘서 고맙습니다.'

그렇게 몸으로 부딪치는 틈틈이 나는 아이들에게 다음과 같은 내용을 주입시키려 애썼다. 교실에서 폭력 사건 절대 일으키지 마라, 밖에서는 몰라도 교실에서는 안 된다. 힘센 아이들 때문에 교실에서 밀려나는 친구는 없게 하자.

상담도 열심히 했다. 아이들을 불러서 마음속 얘기, 집안 얘기를 묻고 들었다. 조금이라도 필요하다 싶으면 학부형을 부르는 일도 마다하지 않았다.

동료 교사들은 나를 칭찬했고, 아이들은 우리 반 교실이 정말 재미있다고 아우성이었다. 남자아이들 사이에 늘 존재하는 서열이 없어지지는 않았지만 교실 내에서 폭력 사건이 발생한 일은 없었다.

안팎에서 칭찬이 자자하고 태평무사한 교실 세상이 펼쳐졌으니 바야흐로 장혜진의 교사 생활에 전성기가 도래하고 있었을까? 좌충우돌해도 보람이 느껴지지 않던 고달픈 신규 교사 시절에 마침

표가 찍히는 것일까?

아니었다. 날마다 아이들과 뒤엉켜 지내면서도 나는 뭔지 모를 불안감을 떨쳐내지 못하고 있었다. 늘 아이들에게 확인받고 싶은 것이 있었기 때문이다. 내가 한 말을 잘 지키고 있는지, 나를 잘 따르는 아이들은 몇이나 되는지, 조회시간, 수업시간, 청소시간, 체육대회, 축제, 심지어 아이들의 교우 관계까지 담임인 나를 염두에 두고 돌아가고 있는지, 다 확인받고 싶었다.

아이들이 무슨 행동을 하든, 판단 기준에 담임인 나에 대한 의리가 앞자리를 차지하기를 바랐다. 문제가 있는 아이들은 내 상담 한 번에 감동을 받고 환골탈태하기를 기대했다. 아이들은 내가 도와야 하고, 내가 옳다고 생각하는 방향으로 끌려와야 했다. 내가 끊임없이 개입함으로써 아이들이 바뀌어야 한다는 강박이 있었다.

그런가 하면 마음 한구석에 욕심이 자리 잡고 있었다. 나는 좋은 선생이어야 하고, 아이들에게 영향력이 있어야 하고, 인기 있어야 하고, 존재감이 있어야 한다는 욕심이었다. 한마디로 아이들 중심이 아니라 내가 중심인 학교를 은연중에 꿈꾸고 있었던 것이다.

나중에야 안 일이지만 내가 그렇게 사심과 욕심으로 몸과 마음에 잔뜩 힘을 주고 있을 때 정작 성숙한 쪽은 아이들이었다. 그토록 필사적으로 가까이 다가서려고 안간힘을 쓰는 내 모습을 아이들은 지켜주고 싶어 했던 것이다.

졸업한 뒤에 찾아온 아이들이 들려준 얘기로는 그때 교실에서 자기들끼리 몹시 자제하고 서로를 단속했노라고 했다. 우리, 선생님 힘들게 하지 말자, 실망시키지 말자, 라고 서로 당부하며 행여 조그만 사고라도 생기면 자기들끼리 수습한 경우가 많았다는 것이다. 그러니 내 힘으로 교실에 평화가 온 게 아니라 아이들이 스스로 이룬 거였고, 내가 아이들을 봐준 게 아니라 아이들이 나를 봐준 거였다.

'조산원 교사'라는 글을 읽고 어딘가 허탈하면서도 마음이 살짝 놓였던 건 그 때문이었던 것 같다. 그제야 어렴풋이나마 내 욕심을 눈치 챘기 때문에. 교사로서의 존재감이 없다면 무능한 교사가 아닐까, 하는 불안감으로 예민했던 나, 사랑받지 못하는 교사가 되느니 차라리 무서운 교사가 낫다는 위험한 사상(?)을 숨기고 있던 내 실체를 마주하고 피식, 웃음이 나왔던 것 같다.

슬기로운 교사는 거들고 돕기만 해도 된단다. 아이들은 무언가 도전하고 해내지만 그것을 돕는 교사의 존재를 잘 모른단다. 말 그대로라면 무거운 책임감과 욕심을 다 내려놓아도 되니 그 얼마나 다행인가. 한 학기가 지나고, 한 해가 지날 때마다 새로운 아이들을 만나서 익숙해질 만하면 떠나보내고, 익숙해질 만하면 떠나보내고 하느라 눈에 보이는 성과를 만들어내기 힘든 교육 현장에서 그 얼마나 위로가 되는 말인가 말이다.

그로부터 얼마 지나지 않아 나는 비슷한 가르침을 얻었다. 마음 공부를 같이하는 교사들끼리 스승을 모시고 질의, 응답 시간을 가졌다. 그 시간에 나는 궁금한 것을 물었다.

"제가 근무하는 학교는 가난한 지역이어서 그런지 아이들이 유

난히 무기력합니다. 가정 형편이 어려워서 제대로 지원을 못 받는
사정을 뻔히 아는데, 그런 아이들에게 공부를 하라고 할 수도 없습
니다. 교사로서 제가 아이들에게 해줄 수 있는 게 별로 없는 것 같
아서 답답합니다. 어떻게 하면 좋을까요?"

스승의 답은 아주 짧고 단순했다.

"그냥 지켜보고, 아이들과 재미있게 놀아주고, 아이들이 도와달
라고 하는 게 있으면 도와주세요. 그러면 됩니다."

그런 대답이 돌아올 거라는 예상은 하지 않았다. 답을 알 수 없어
서 물었지만 어쩐지 내가 듣고 싶은 대답이 아닌 것만 같았다. 정
말 그렇게만 해주면 교사로서의 역할을 다하는 걸까, 하는 의문도
들었다. 그러던 중 교사 모임에서 마음 나누기를 하면서 한 가지
사실을 깨닫게 되었다.

교사 모임을 함께하는 사람들 가운데는 자식을 둔 어머니들이
있다. 어머니와 자식은 교사와 제자보다는 더 가깝고 서로에게 더
큰 영향을 끼칠 수 있는 사이일 터다. 그리고 어머니라면 자식을
다루는 법을 더 잘 알 것이라는 생각을 갖고 있었다. 그런데 아니
었다.

어머니 교사들의 화두는 대개 자식 문제였다. 어머니이자 교사인
데도 자식과의 관계가 마음대로 되지 않아서 초조해하고 있었다.
자신이 옳다고 믿는 쪽으로 자식이 따라주지 않아서 속상해하는
경우가 많았다. 그 과정을 지켜보며 나는 자연스럽게 알게 되었다.
그 누구도 내 마음대로 바꿀 수 있는 사람은 없다는 사실이었다.

어머니도 자식을 바꿀 수 없는데 하물며 일개 교사인 내가 어떻게 아이들을 바꿀 수 있을까? 그건 아주 중요한 자각이자 발견이었다.

'나는 아이들을 바꿀 수 없다. 돌아보면 나 자신도 누구 때문에, 다른 사람의 의지에 따라 바뀐 경우는 없었다. 설령 어머니라고 해도 나를 바꾸지는 못했다. 그런 터에 내가 누군가를 바꿀 수 있다고 믿는 건 오만이다.'

내가 아이들을 바꿀 수 없다는 사실을 받아들이자 비로소 아이들을 지켜봐야겠다는 마음이 들었다. 내가 먼저 나서서 돕겠다는 태도를 내려놓고, 아이들 쪽에서 도와달라고 하는 부분만 돕자는 깨달음이 왔다. 좋은 교사 선배들은 늘 그렇게 말했다. 교사는 아이들을 받아주고 기다리기만 하면 된다고. 그 전까지 나는 그 말이 무슨 뜻인지 정말 몰랐다. 그런데 살짝 눈을 돌려 새로운 시각으로 학교를 보니 비로소 그 의미를 이해할 수 있을 것 같았다.

나는 한걸음 뒤로 물러나 아이들을 지켜보기로 했다. 가만히 보니 아이들은 논다고 해도 그냥 놀기만 하는 게 아니었다. 놀면서 저희들끼리 갖가지 정보를 주고받는 눈치였다. 저희들끼리 또 다른 사회를 이루어 삶의 달고 쓴 부분을 경험하고 있었다. 한 가지 아쉬운 건 아이들이 학교에서 즐거움을 느끼는 기색이 별로 보이지 않는다는 거였다.

나는 새로운 욕심 하나를 품게 되었다. 학생의 인생에 큰 영향을 끼치는 존재가 되고 싶다는 욕심을 버린 자리에 새로 들어앉은 것은 아이들에게 즐거운 학교를 제공하자는 거였다. 아이들이 학교에 다니는 시기를 즐겁고 밝게 만들어주는 것만으로도 교사는 충분히 좋은 영향을 끼치는 사람이라는 믿음이 생기기 시작했다. 적어도 우리 반 아이들만큼은 오늘 하루, 이번 주, 이번 학기, 올 한 해를 학교에서 즐겁게 지내면 좋겠다는 바람이 생겼다. 그리고 그 즐거운 추억으로 그다음에 펼쳐질 나날이 조금 더 풍요롭고 행복하기를 바라게 되었다.

면담이나 상담하러 나를 찾아오는 아이들 앞에서 나는 귀를 더 열어보기로 했다. 그 전에 내가 나서서 했던 온갖 조언 대신, 요즘 어떠니, 라고 묻기 시작했다. 아이들이 힘들다고 하면, 뭘 도와줄까, 라고 물었다. 그러면 아이들은 대개 이렇게 대답했다.

"특별히 해주실 건 없어요."

가만히 얘기를 들어주기만 해도 아이들은 눈물을 쏟아냈다. 내가 해준 게 하나도 없는데도 이렇게 말했다.

"선생님이랑 얘기하고 났더니 속이 후련해요. 뭔가 답을 찾은 것 같아요."

아이들이 선택의 기로에서 갈등할 때는 그저 지켜보며 이렇게 말했다.

"네가 고민하는 일을 종이에 적어봐. 고민이 되는 사항이 가진 장점과 단점도 적어보는 거야. 단점이 훨씬 많은데도 그쪽을 꼭 하고 싶으면 그렇게 해. 하지만 그 길로 갔다가 돌아오고 싶으면 언제든지 다시 돌아와도 돼. 그러니까 편하게 선택해."

가만히 지켜보는 연습을 해보니 기다릴 수 있게 되었다. 아이들은 들어주고, 스스로 선택하도록 해주면 자신이 바라는 방향을 찾아가는 능력을 갖고 있었다. 다만 교사나 부모가 그 시간을 기다려주지 못하는 게 문제였다.

기다려주는 과정은 아이들의 시행착오를 지켜보는 과정이기도 했다. 시행착오를 거치는 동안 기다려주면 아이들은 누가 뭐라고 하지 않아도 미안한 마음을 표시할 줄 알았다. 그러면서 방향을 결정하고 선택을 해나갔다.

지각을 밥 먹듯이 하는 아이가 있었다. 나는 그 아이를 불러서 이렇게 물었다.

"너는 네 자신에 관한 것 중에서 어떤 게 가장 마음에 안 드니?"

뜻밖에도 아이는 이렇게 대답했다.

"지각하는 제 자신이 제일 싫어요."

그런 아이들에게 나는 늘 나쁜 습관이니 고치라고 했고, 고치지 않으면 안 된다고 다그쳤다. 아이의 습관을 바꾸도록 지도해야 한다고 믿은 탓이다. 내가 고치라고 하면 그 즉시 고쳐야 옳다고 생각했다. 아이가 내 앞에서 바로 바뀌기를 바란 것이다.

하지만 이번에는 이렇게 말해주었다.

"지각하는 게 너도 싫구나. 야, 만날 지각하는 너 때문에 나도 속상해. 그 습관 하나 때문에 다른 사람들이 너를 안 좋게 평가하면 어쩔 거야. 좋은 부분까지 다 묻혀버리잖아."

진심을 담아서 한 얘기였다. 그렇다고 그 아이가 이튿날부터 지각하는 습관을 버린 건 아니었다. 또 지각을 한 아이에게 나는 차분히 물었다.

"어제 늦잠 잤니?"

아이의 지각하는 버릇은 쉽게 고쳐지지 않았다. 나는 계속 기다렸다. 그러다 보니 어느 날은 제시간에 학교에 나타나기도 했다. 나는 그 순간을 놓치지 않고 격려했다.

"야, 웬일이냐? 오늘은 지각을 안 했네!"

그 한마디에 아이는 싱글벙글 기분이 좋아 어쩔 줄 몰랐다. 마치 지각 한 번 안 한 것으로 자존감이 쑥 올라갔다는 표정을 지으면서 말이다.

그렇게 기다려 보니 열 번 지각하던 아이가 일곱 번 지각하는 아이로 변하기도 하고, 또 어떤 아이는 오랜 습관을 싹 고치기도 했다. 저마다 개인차가 있었고 그건 당연했다. 아이들은 집단에 속한 똑같은 모양의 부속품이 아니라 가정환경과 살아온 이력이 엄연히 다른 개별적인 존재니까.

지각을 하다가도 집안 문제가 해소된 뒤, 그 습관을 일시에 고쳐버린 아이도 있었다. 눈에 보이는 현상은 '지각'이지만 원인이 저마다 다르다는 증거였다. 따라서 시간차를 인정하는 기다림이 필요한 거였다.

아이들을 기다리면서 나는 개인차와 시간차를 목격하게 되었다. 그러면서 서서히 나 자신이 바뀌어갔다. 전에 나는 우리 반 아이 다섯이 지각하면 그 다섯이라는 숫자에 집착하고, 벌을 주고 그 숫자가 줄어들 때 기뻐했다. 그런데 차츰 지각과 관련하여 나와 아이들 하나하나가 무슨 얘기를 나누었는지, 한 아이가 지각 안 하는 날은 며칠인지 알아가는 게 더 중요하게 여겨지기 시작했다. 그것은 곧 아이들을 집단의 일부가 아니라 개별 존재로 인정하고 접근해야 한다는 자각으로 이어졌다. 나는 개별 존재로서 아이들을 보고, 그 마음만 받아주면 되었다. 그 뒤에 잘못된 습관이나 행동을 고치는 건 아이들의 몫이었다.

학교에서 즐겁게 지내도록 배려하자 아이들 얼굴이 차차 밝아지기 시작했다. 나는 아이들에게 말했다.

"점심시간에 공부하지 말고 다 나가서 놀아! 실컷 놀고 들어와!"

아이들은 정말로 즐겁게 놀았다. 여자 남자 할 것 없이 운동장에서 공을 차기도 하고, 삼삼오오 모여서 걷기도 했다. 그렇게 놀게 해도 성적이 떨어지지는 않았다. 아니, 오히려 더 오르는 경우도 있었다. 아이들은 놀면서 자기들끼리 문제를 풀어나갔다. 친구랑 산책하면서 얘기하다 보니 고민이 저절로 해결됐다는 얘기를 종종 했다. 아이들은 스스로 해결하는 힘을 갖고 있었다.

불안해하는 아이도 전보다는 편하게 지켜보게 되었다. 전에는 상담할 때 아이가 불안하면 나도 안절부절못하기 일쑤였다. 그래서 아이를 계속 불러서 묻고, 안색을 살피고, 필요 이상의 조언을 쏟아냈다. 그런데 지켜보겠다는 마음으로 대하자 아이의 불안한 부분이 편하게 보이기 시작했다. 나는 최대한 아이들에게 표현할 기회를 주었다.

"네 마음이 어떤지 말로 표현해봐. 선생님이 들어줄 테니까 어떤 내용이라도 다 얘기해보는 거야. 하지만 얘기하기 너무 힘이 들면 안 해도 돼. 오늘은 그냥 돌아갔다가 얘기하고 싶어지면 그때 다시 오는 거야."

그 과정을 통해서 나는 아이들을 있는 그대로 지켜본다는 게 무엇인지 알아갔다. '생활 지도' 차원이 아니라 그저 편하게 보고, 편하게 대해주는 것만으로도 아이들은 제 문제를 스스로 풀어냈다.

차츰 내 눈에 진짜 아이들이 보이기 시작했다. 그 전에는 아이들에 대한 내 시각이 있다고 여겼지만 사실은 잘못 보고 있었고, 아이들을 제대로 몰랐다는 걸 확인했다. 아이들은 저마다 태어난 몫만큼 알아서 잘살고 있고, 알아서 길을 찾아가는 존재들이었다. 아이들에게 필요한 교사는 제 뜻대로 안 되면 포기하고 화내는 게 아니라 믿고 기다려주는 사람이었다. 그리고 교사가 아이들을 믿고 기다려주는 힘은 아이들을 있는 그대로의 모습으로 인정하고 지켜보는 과정에서 길러지는 거였다.

내가 그 자리에서 기다려주자 아이들은 헤매다가도 돌아왔다. 돌아와서 스스럼없이 자기 얘기를 털어놓았다. 도와주지 않아도 제자리로 돌아오는 아이들을 보는 내 마음이 점점 더 편해졌다. 내 욕구 중심으로 아이들을 보다가 그야말로 아이들 중심으로 시선을 돌리자 아이들에 대한 믿음이 강해졌다. 내 믿음에서 크게 벗어나는 일은 없다는 확신이 생겼다. 더 이상 아이들의 일거수일투족에 따라 이리저리 흔들리지 않게 되었다. 나에 대한 아이들의 믿음도 그만큼 커졌다.

나와 아이들은 크게 다르지 않았다. 몹시 힘들고 괴로울 때 누군가 '괜찮아, 잘하고 있어'라고 격려해주자 나는 참으로 오랜만에 행복감을 느꼈다. '괜찮아, 잘하고 있어'라는 말 속에 많은 게 담겨 있다는 사실을 나중에야 알았다. 따뜻하게 지켜보는 시선, 있는 그대로의 모습을 받아주는 마음, 언제나 그 자리에서 기다리고 있다는 믿음.

아이들도 그랬다. 괜찮다, 잘하고 있다, 는 격려와 지지만으로 아이들은 행복해했다. 상황은 바뀌지 않아도 마음은 달라질 수 있는 것이다. 그래서 나는 아이들과 내 경험을 나누고 싶었다. 내가 내 마음을 관찰하고, 나 자신과 화해한 뒤에 얻은 것들을 아이들에게도 맛보게 해주고 싶었다. 다른 누가 아니라 스스로 자신을 지켜보고, 있는 그대로의 자기 모습을 인정하고, 스스로를 사랑해서 스스로 행복을 얻는 길을 알려주고 싶었다. 그 길은 아이들 저마다 갖고 있는 저마다의 '마음'에 있었다. 그 마음만 제대로 알면 아이들은 어떤 교사가 다가와도 흔들리지 않을 거였다. 슬기로운 교사를 만나도, 사랑스런 교사를 만나도, 무섭거나 미운 교사를 만나도 말이다. 그처럼 아이들 마음의 근육을 탄탄하게 가꿔줄 수단을 고민한 끝에 나는 '마음 일기장'을 만들었다.

마음 일기, 교사로 사는 내게 주어진 선물

쿨샘 목소리가 들려왔다.

"자리 잡았으면 짝한테 이렇게 물어봐. '요즘 너는 어떠니?' 질문을 받은 사람은 무슨 얘기를 해도 좋아. 다만 자기 상황이 아니라 마음 상태를 중심으로 얘기해. 자, 그럼 벽을 등지고 앉은 사람들부터 시작하자."

내가 먼저 물어야 했다. 나는 최대한 담담한 말투로 물었다.

"요즘 넌 어떠니?"

강이지가 헛기침을 하며 생긋 웃었다. 그러더니 자세를 고쳐 앉으며 고개를 치켜들었다.

"음…… 요즘 나는…… 나는……."

시간이 얼마나 흘렀을까. 예상치 못했던 일이 벌어졌다. 처음엔 바닥을 내려다보며 강이지의 대답을 기다리고 있었다. 뜸을 들일 만큼

들인 것 같은데 대답이 없기에 슬그머니 강이지의 얼굴을 보았다. 눈물이…… 흐르고 있었다. 강이지가 울고 있었다. 고개를 푹 숙인 강이지의 코끝에서 눈물이 쉴 새 없이 떨어지고 있었다. 뚝뚝뚝.

나는 어찌해야 좋을지 알 수가 없었다. 이내 다른 아이들도 강이지가 울고 있다는 걸 눈치챘다. 나는 황망히 쿨샘을 쳐다보았다. 쿨샘이 내 눈을 똑바로 보며 고개를 끄덕였다. 무슨 뜻인지 알 것 같았다. 나는 강이지 귀에 대고 말했다. 진심으로.

"괜찮아, 강이지……. 다 괜찮아……."

갑자기 창가 쪽에 앉아 있던 아이 하나도 울음을 터뜨렸다. 하지만 나는 돌아보지 않았다. 다른 아이들도 마찬가지였다. 쿨샘도 말이 없었다. 그저 지켜보기만 할 뿐.

– 박수현《열여덟 너의 존재감》중에서

그랬다. 아이들은 '요즘 어떠니?'라고 묻기만 해도 눈시울이 붉어지는 경우가 많았다. 소설 속 강이지처럼 눈물을 뚝뚝 흘리기도 했다. 그저 어떠냐고 묻기만 해도 눈물이 나는 데는 여러 감정이 숨어 있을 터였다. 울고 싶도록 힘들다, 그렇게 물어주니 와락 반가워서 감정이 복받친다, 요즘 어떠냐고 물어주는 사람이 없어서 외로웠다, 왜 눈물이 나는지 모르겠다…….

울먹이는 이유는 다 다르겠지만 그 모습을 지켜보며 나는 새삼스럽게 느꼈다. 겉으로 드러나는 아이들의 모습은 어떨지언정 속내는 한없이 여리고 곱다는 것. 마음을 둘러싼 막을 한 꺼풀만 벗겨내도 요즘을 살아가는 아이들의 힘든 삶이 드러난다는 것. 그러나 그 마음을 알아주기만 해도 금세 생기가 살아난다는 것. 역시 문제는 '마음'에 있다는 것.

내가 내 마음을 알아차리고, 있는 그대로의 내 모습을 받아들이고, 화해하고, 사랑하기까지는 스승과 모임을 함께하는 교사 동료들의 도움이 필요했다. 마찬가지로 나는 아이들에게 마음을 알아가는 길의 길잡이 노릇을 해주고 싶었다. 한편으로는 교사로서 아이들에게 개별적으로 접근할 수 있는 수단을 모색한 끝에 선택한 방책이기도 했다.

수업과 생활 지도 외에 교사가 학생에게 접근하는 방식으로 상담을 빼놓을 수 없다. 상담은 교사와 학생이 소통하고 서로를 알아가는 중요한 역할을 한다. 사실 상담이 아니면 학교에서 얼굴을 맞대고 속내를 주고받을 수 있는 기회가 그리 많지 않다. 문제는 그나마 교사가 학생 개개인을 상대로 상담에 투자할 시간이 절대 부족한 현실이다. 담임이 저마다 다른 아이들 하나하나에 걸맞은 맞춤형 상담을 충분히 하기는 불가능에 가깝다는 뜻이다.

그처럼 넘기 힘든 현실의 제약을 절감하면서도 개별적인 접근의 필요성은 더욱 커져만 갔다. 고심 끝에 나는 '마음 쪽지'를 생각해냈다. 쪽지를 주고받는 것처럼 저마다의 마음을 편하게 적어서 나와 나눌 수 있도록 만든 형식이었다. 나는 마음 쪽지를 아이들이 또 하나의 과제로 여기지 않도록 최대한 쉽고 편한 일상 어투로 꾸며보았다.

쪽지 쓰기를 시도한 일은 교사인 나 자신에게도 적지 않은 의미가 있었다. 상담을 대신하여 일상적인 소통을 해볼 요량으로 만든 수단이기도 하지만, 비로소 아이들을 내 의지대로 바꾸겠다는 생각을 내려놓은 시발점이기도 했다. 나는 마음 쪽지를 통해서 아이들의 마음을 있는 그대로 받아주고 싶었다.

마음 쪽지 쓰기는 꼬박 1년 동안 이어졌다. 아이들은 내가 건넨 생소한 쪽지에 조심스럽게 마음을 풀어놓기 시작했다. 멍하다거나 짜증이 난다거나 화가 난다는 식의 짧고도 단순한 표현을 하기 시작했다. 나는 그런 표현에 짧은 댓글을 달아주었다. 그저 아이들의 마음을 받아주고 공감하는 내용이었다. '……그래서 네가 화가 났구나', '짜증이 났구나', 하는 식의 댓글이었다.

아이들은 마음 쪽지를 쓰면서도 왜 써야 하는지 이유를 알지 못하는 눈치였다. 제 마음이 어떤지, 그 마음은 또 어떻게 표현해야 하는지 제대로 들여다보지 못한 채 지내온 시간이 길었으니 당연한 반응이었다. 다만, 담임이 일일이 달아주는 댓글에서 아이들은 딱히 뭐라고 꼬집어 말할 수 없는 위안을 느끼는 듯했다. 내 얘기를 우리 선생님이 알고 계셔, 선생님과 나 사이에만 통하는 게 생겼어…… 하는 눈빛이 읽히기 시작했다.

1년의 실험 끝에 나는 어렴풋이나마 희망을 확인했다. 마음을 받아주고 나누는 과정에서 어떤 상처든 치유될 수 있다는 희망이었다. 그렇지만 마음 쪽지의 내용을 더 깊이 있게 보완할 필요가 있었다. 나는 1년 동안의 성과물을 마음공부를 함께하는 교사 모임에 내놓고 의논과 도움을 요청했다. 동료들은 각자의 경험에서 얻은 지식과 지혜를 아낌없이 제공해주었다. 숱한 시간 머리를 맞대고 토론하고 스승께 조언을 구하며 내용과 형식을 갖춰나갔다. 그렇게 해서 '마음 일기'가 태어났다.

나를 비롯한 동료들은 공들여 만든 마음 일기장을 들고 각자의 학급에서 아이들을 만났다. 마음 쪽지를 쓸 때도 그랬지만 처음부터 눈에 띄게 변화가 생기지는 않았다. 열심히 쓰는 아이도 있고, 시큰둥한 아이도 있고, 성의 없이 쓰는 아이도 있었다. 다만 아침에 다 같이 마음 일기를 쓰고 하루를 시작하면 교실 전체가 평온하게 안정되는 효과는 공통적으로 나타났다.

그렇게 하루하루가 쌓이면서 차츰 변화하는 모습이 보이기 시작했다. 마음을 잘 들여다보고 충실하게 정리한 아이들은 정서적으로 안정되어 갔다. 즉흥적으로 하는 행동도 눈에 띄게 줄어들었다. 원인도 모르는 채 울고 싶기도 하고 갈피를 못 잡는 것처럼 보이던 마음들이 차분하게 진정되었다. 마음 일기를 쓰고부터 편안해졌다는 얘기가 여기저기서 들려왔다.

한편, 나 또한 아이들과 소통하는 좋은 길을 발견했다는 확신이 강해졌다. 아이들 하나하나에게 개별적으로 접근할 수 있는 효과적인 길이었다. 아이들 마음의 문을 열고 들어가는 길은 참으로 다양했다. 그 길의 모양새에 따라 나는 때로 말투를 바꿔야 했다. 상대에 따라 거칠게, 혹은 따뜻하게.

마음 일기는 교사의 길을 가는 내가 꼭 필요한 시기에 선물처럼 손에 쥐게 된 나침반 같은 도구였다.

착각에서 헤어나다

순정이는 어느 곳에 있어도 눈에 띌 만큼 예쁘고 매력 있는 아이였다. 말수가 적고 나서는 법 없는 조용한 아이였지만 존재감이 워낙 두드러져서 순정이를 모르는 아이들이 없었다. 가만히 있어도 카리스마가 느껴지는 순정이에게 아이들은 선뜻 다가가지 못했다. 순정이도 굳이 아이들과 어울리려고 하지 않았다. 아니 다른 아이들은 아예 본 체 만 체하고 제 생각에 빠져 있기 일쑤였다. 자칫하면 따돌림 당하기 쉬운 조건이었지만 순정이가 뿜어내는 차갑고 단단한 느낌 때문인지 아이들은 순정이를 건드리지 않았다.

나는 순정이 때문에 몹시 힘들고 괴로웠다. 순정이는 이른바 '비행 청소년'이 아니었다. 교실에서 아이들과 부딪쳐서 문제를 일으키지도 않았고 거칠게 반항하지도 않았다. 다만 걸핏하면 학교에서 사라진다는 게 탈이었다. 오전에는 분명히 잘 있던 아이가 오후면 없어지는 날이 많았다. 온다 간다 말도 없이 그냥 사라져버렸다. 그렇다고 학교 밖에 그 아이의 마음을 사로잡는 세계가 따로 있는 것 같지도 않았다. 내가 이유를 묻자 순정이는 이렇게 대답했다.

"그냥…… 견딜 수가 없어서요. 미쳐버릴 것 같아서요. 미칠 것 같을 때 학교에 있으면 사고 칠 것 같아서……."

"왜, 학교가 싫어서? 아니면 싫은 애들이 있니?"

"아뇨. 그건 아니에요. 학교나 애들이 싫은 게 아니라 정말 돌아버릴 것 같은데, 학교에 있다 보면……, 학교는 어쨌든 뭔가를 해야 하는 곳이잖아요. 그런데 저는 할 수 없는 상태고, 돌아버릴 것 같고, 그러다 보면 사고를 칠 것 같아요."

구체적인 까닭은 몰랐지만 그 아이의 '돌아버릴 것 같은 마음'만은 내게 고스란히 전해졌다. 그건 위악도 아니고, 치기 어린 몸짓이나 반항도 아니었다. 누구의 관심을 끌려는 행동은 더더욱 아니었다. 그냥 말 그대로 돌아버릴 것 같다는 게 그 아이의 진심이었다. 그 진심의 순도가 너무 높아서 나는 차마 순정이에게 그래도 학교에 남아 있으라는 소리를 할 수가 없었다.

"알았어. 정 그렇게 힘들면 자율학습은 빠져도 좋아. 집에는 선생님이 잘 말씀드릴게. 대신 나랑 얘기는 하자. 어떤 얘기라도 괜찮으니까 혼자 끙끙 앓지 말고."

순정이를 보면 어쩐지 조마조마하고 위태로운 느낌이 들었다. 다른 사람이 아닌 자기 자신을 파괴할 것 같은 느낌 때문에 더 위험해 보이는 아이였다. 본인 말대로 학교를 벗어나는 건 그 아이가 자신을 지키기 위해 쓰는 안간힘이었다. 그런 아이를 억지로 학교 안에 붙잡아 두는 건 활활 타는 불에 기름을 끼얹는 일이라는 생각이 들었다.

자율학습 대신 순정이는 독서실에 틀어박히는 쪽을 택했다. 나는 틈나는 대로 순정이에게 문자 메시지를 보냈다.

'너 정말로 독서실에 있는 거지? 독서실 간다고 거짓말하고 딴짓하면 가만 안 둔다!'

'자율학습 빼주었더니 어디서 연애하는 거 아니야?'

짐짓 가벼운 내용으로 메시지를 보내면 순정이는 꼬박꼬박 답 메시지를 보냈다. 명랑한 어투가 묻어나는 대답이었다. 그래도 내 마음은 좀처럼 편안해지지 않았다. 제 자신을 주체하지 못해서 어쩔 줄 모르는 순정이가 제발 자기 마음 상태를 제대로 알아차리기를 바랐다. 똑같은 상황과 조건에 처해 있더라도 '마음'을 알고 모름에 따라 괴로움의 정도가 달라진다는 걸 내가 먼저 경험했기 때문이다. 순정이 같은 아이야말로 마음 일기 쓰기가 꼭 필요하다는 생각이 조바심처럼 떠나지 않았다. 그렇지만 순정이는 마음 일기에 그다지 관심을 보이지 않았다.

"선생님, 저는 정말 쓸 말이 없어요. 뭐가 마음인지 모르겠어요."

"자꾸 쓰다 보면 조금씩 알게 되는 게 마음이야. 그러니까 짧게라도, 딱 한 단어라도 좋으니까 써보자."

"사실은 저 이거 가끔 혼자 써요. 안 쓰는 건 아니에요. 심란할 때 써보려고 하는데……, 정말 뭐가 마음인지 모르겠어요."

그런 순정이에게서 나는 상반된 두 가지 감정을 동시에 느꼈다. 혼자 있을 때 써보려고 했다는 말에서 희망이 엿보여 적이 안심이 된 게 한 가지였다. 그건 순정이가 적어도 노력하고 있다는 증거였다. 스스로를 마냥 방치하는 아이가 아니라는 증거였다.

다른 한 가지는 안쓰러움과 불안이었다. 순정이의 노력은 희망이기도 하지만 몹시 위태로운 희망이어서 나는 불안했다. 나름대로의 노력이 벽에 부딪쳤다고 여겨질 때 순정이는 가차 없이 자신을 내던져버릴 수도 있는 아이였다. 도움이 절실한 상황이라는 의미이기도 했다.

순정이는 이상하리만치 나를 안절부절못하게 만드는 아이였다. 마음 일기로 소통하면서부터 다른 아이들은 있는 그대로 지켜보는 힘이 커지고 있었는데 순정이는 예외였다. 나는 의식적으로 순정이와 대화하는 시간을 더 많이 가졌다.

그 무렵 나는 개별적으로 소통할 수 있다는 장점 외에 마음 일기가 주는 덤 하나를 깨닫는 중이었다. 바로 순정이처럼 다급하게 도움이 필요한 아이가 누구인지 좀 더 빠르고 정확하게 파악할 수 있다는 점이었다.

좀처럼 속내를 드러내지 않았지만 끊임없이 대화를 시도하는 내게 순정이는 조금씩 제 사정을 털어놓았다. 어렴풋이 짐작은 했지만 이번에도 가정환경이 주요한 문제였다. 순정이 부모는 이혼한 상태였다. 이혼 뒤 어머니는 순정이를, 아버지는 순정이 동생을 데리고 각자의 길로 갈라섰다. 아버지는 오래지 않아 재혼했다.

이혼한 부모 밑에서 자란다고 해서 모두 불행하지는 않다. 사이가 몹시 안 좋은 부모 밑에서 생활하는 자녀가 한 부모 슬하보다 오히려 심리적으로 불안하고 갈등이 심한 경우도 많으니까. 그런데 적어도 순정이는 부모의 이혼 때문에 삶이 더 고달파진 아이였다. 여러 차례에 걸친 대화를 통해 짐작한 바로 순정이가 느끼는 고달픔의 90퍼센트는 어머니에게서 비롯되고 있었다.

어머니 혼자 꾸려가는 살림은 늘 부족했다. 그렇다고 가난이 모든 문제의 근원은 아니었다. 아무리 가난하게 산다고 해도 서로 믿고 오순도순 의지하며 살아가는 가족에게는 큰 문제가 생기지 않는다. 오죽하면 어른들이 돈 걱정은 세상에서 가장 사소한 걱정이라고 할까.

순정이의 경우는 가난도 힘든 터에, 가난한 삶을 함께 헤치고 나아갈 의지를 북돋아주는 사람이 하나도 없다는 게 문제였다. 유일하게 함께 사는 어머니는 든든히 기댈 언덕과는 거리가 멀었다. 아니, 순정이에게 어머니는 감당하기 힘든 짐 같은 존재였다. 불안정한 직업은 그렇다 치고, 순정이 어머니는 자신의 인생도 추스르지 못하고 흔들리는 사람이었다.

순정이를 저만치 세워놓고 순정이 어머니만 가까이 들여다보면 상황을 훨씬 더 또렷하게 그릴 수 있다. 40대 초반의 젊은 여성, 이혼으로 깨진 가정, 전남편의 재혼, 아직도 자신을 둘러싼 현실이 믿기지 않는 상태, 분노, 점점 깊어지는 가난의 늪, 불투명하고 희망을 찾아보기 힘든 미래……, 책임져야 할 사춘기 딸.

누가 봐도 암담하고 안타까운 처지에 놓인 사람이 순정이 어머니였다. 가장 큰 문제는 그렇게 불안하게 흔들리는 어머니를 순정이가 가장 가까이에서 지켜봐야 한다는 거였다. 순정이에게 어머니는 허울뿐인 보호자였다. 아니, 어머니야말로 누군가의 보호가 절실하게 필요한 사람이었다. 순정이도 그걸 알지만 어머니를 보호할 힘이 없었다. 어머니답지 못한 어머니 때문에 화가 나기도 하지만, 저마저도 편이 되지 않으면 어머니가 어떻게 될지 모른다는 생각에 화도 마음대로 내지 못한 채 견디고 있었다. 그야말로 세심한 보살핌을 받아야 할 나약한 사람들 둘이서 위태로운 동거를 하고 있는 셈이었다. 둘 가운데서 약자는 당연히 순정이었다. 제아무리 속내가 깊다고 해도 순정이는 고등학생에 불과한 아이였으니까.

순정이의 '돌아버릴 것 같다'는 표현에 숨은 내력이 그것이었다.

"저는 꿈꿀 여유도 없어요."

누군가 미래에 이루고 싶은 꿈 얘기를 하자 순정이가 한 말이었다. 그날 순정이의 마음 일기 내용은 '부럽다'는 거였다.

어느 날 나는 뒤늦게 확인한 문자 메시지를 보고 그만 주저앉을 뻔했다. 그날 학교에 나타나지 않은 순정이가 보낸 거였다. 정확한 문장은 기억나지 않지만 내용은 지금까지도 내 머릿속에 또렷하게 새겨져 있다.

'더 이상은 견디기 힘들어요. 이대로 도로에 뛰어들고 싶어요.'

온 세상이 하얗게 변해버린 것 같았다. 하필이면 그날따라 휴대전화기 전원을 오래 꺼놓은 터였다. 시간을 확인해보니 일이 벌어졌다면 진작 벌어지고도 남을 때였다. 나는 후들후들 떨리는 손으로 순정이에게 전화를 걸었다. 받지 않았다. 그 순간은 나도 내 마음을 차분하게 들여다볼 겨를이 없었다. 순정이와 연락이 닿을 만한 아이들을 찾아서 전화를 걸었다.

"저한테도 문자가 왔어요. 깜짝 놀라서 뛰어나갔더니 울고 있더라고요. 제가 집에 데려다줬으니까 걱정 마세요."

긴 안도의 한숨이 새어나왔다. 하지만 더럭, 겁이 났다. 아이가 무사하다는 소식을 들었지만 뛰는 가슴은 좀처럼 가라앉지 않았다. 하마터면 큰일 날 뻔했다는 생각만 해도 쓰러질 것 같았다.

순정이의 상태는 내가 생각한 수준이 아니었다. 나는 그 전까지만 해도 아이와 적당한 밀고 당기기를 하다 보면 내 쪽으로 다가와 줄 거라고 생각했다. 그런데 아니었다. 순정이는 언제라도 죽을 수 있는 아이였다. 선생으로서 이끌어야 한다는 관점은 처음부터 빗나간 거였다. 순정이의 삶에는 학교가, 선생이 그리 큰 비중을 차지하는 게 아니었다.

내 두려움은 좀처럼 가라앉지 않았다. 순정이가 또 무슨 짓을 벌일지 모른다는 불안감 때문이었다. 나는 선생이나 어른이라는 자리를 모두 떠나서 오롯이 순정이 편이 되어 주기로 했다. 다만 순정이가 살아 있기만 해도 내게 좋은 일인 것 같아서였다.

문제의 문자 메시지를 보낸 뒤 순정이는 학교에 오지 않았다. 나는 순정이 집에 찾아갔다. 순정이 얼굴을 본 순간 내 입에서 나도 모르게 나온 소리는, 학교로 가자, 였다. 순정이는 싫다고 했다. 나는 마음을 가다듬고 다시 말했다.

"그럼 밥이나 먹으러 가자. 뭘 좋아하니?"

"아무거나 잘 먹어요."

나는 순정이를 데리고 근처 식당으로 가서 굴국밥과 비빔밥을 시켰다. 순정이는 참 열심히 먹었다. 그리고 이런저런 얘기를 했다. 재잘재잘, 귀엽게. 힘들어하던 고등학생 순정이의 모습은 사라지고 어린아이가 종알거리는 것 같았다. 그 모습을 보니, 내 앞에서는 마음을 놓는구나, 싶어 안심이 되는 한편 가슴이 아팠다. 이렇게 천진한 아이가 제 표현대로 돌아버릴 것 같은 상황에 부딪치면 얼마나 두렵고 힘들까, 짐작이 되었다.

"선생님, 저 때문에 너무 괴로워하지 마세요. 선생님 때문에 그러는 거 아니에요. 이제부터 잘해 볼게요. 잘살아 보려고요."

그 전에도 몇 번 들은 말이었다. 나 때문에 힘든 게 아니라고, 마음 다잡고 열심히 살아보겠다고……. 그런 얘기를 할 때 순정이는 진심이었다. 내가 안타까운 건 스스로 매번 마음을 다시 먹고, 버텨보겠다고 다짐하고 또 다짐해야 하는 순정이의 처지였다. 그 아이가 지고 있는 짐이 너무 무거워 보였다.

순정이는 다행히 잘 견뎠다. 뭔지 모르겠다고 하면서도 마음 일기를 접지 않았다. 나는 그런 순정이를 내내 조마조마한 마음으로 지켜보았다. 그러던 어느 날, 순정이가 나를 찾아와서 말했다.

"선생님, 저 전학하기로 했어요."

뜻밖의 얘기에 나는 또 괜히 가슴이 내려앉았다.

"전학? 어디로? 왜?"

"아빠한테 가려고요."

불안한 내 마음과 달리 순정이는 평온한 얼굴로 대답했다.

"아니 왜 갑자기……?"

다시 가슴이 두근두근 두방망이질 치기 시작했다. 순정이는 아버지한테 가겠다고 했지만 내 귀에는 이제 영영 이 세상을 떠나겠다는 소리로 들렸다. 내 시야에서 벗어나는 순간 순정이가 잘못된 길로 들어설 것만 같았다. 나는 걱정에 사로잡혀 눈물이 날 것 같은 심정으로 말했다.

"너희 아빠 재혼하셨다면서? 그럼 새엄마랑 부딪칠지도 모르잖아. 지금보다 더 힘들어지면 어쩌려고?"

"걱정 마세요. 아빠도 있고, 동생도 있으니까 지금보다는 나을 거예요. 어쩌면 진작 그렇게 하는 게 나았을지도 몰라요. 제가 엄마랑 산 건 엄마 곁에 저라도 없으면 안 될 것 같은 걱정이 있었거든요. 근데 가만히 생각해보니까 엄마를 지켜주지도 못하고 미워하기만 했더라고요. 정말 죽이고 싶을 만큼 미울 때가 많았어요. 그런 마음으로 엄마를 지킨다고 생각한 게 우습죠. 사실, 엄마를 지킬 만한 힘도 없고요. 그걸 깨달았어요. 그래서 가려고요."

순정이는 담담히 말했다. 돌이켜보면 그때 순정이는 나보다 더 성숙했다. 나는 순정이의 말을 곧이곧대로 받아들이지 않고 무작정 걱정만 했으니까. 순정이를 지킬 사람은 세상에 나밖에 없다는 착각을 했던 것 같기도 하다.

며칠이 흐르도록 순정이의 결정이 받아들여지지 않아서 괴로워하던 나는 마음공부 스승을 찾아갔다. 그리고 마냥 두렵기만 한 내 마음을 털어놓았다.

"그 애가 꼭 잘못될 것만 같아서 너무 두려워요. 이미 한 번 그런 시도를 하기도 했고……, 상상만 해도 견딜 수가 없어요."

"장 선생, 그건 장 선생 탓이 아니에요. 설령 그때 아이가 잘못됐다고 해도 장 선생 탓이 아니에요. 이런 문제는 장 선생이 어떻게 할 수 있는 게 아닙니다. 그저 지켜보세요."

스승을 만난 뒤에도 쉽게 마음이 놓이지 않았다. 그러던 차에 순정이 어머니가 학교에 찾아왔다. 전학 절차를 밟기 위해서였다. 나는 복잡한 표정을 짓는 순정이 어머니를 위로하고 싶었다.

"어머니, 그동안 고생 많으셨어요. 순정이는 아빠한테 가서 잘 지낼 테니까 걱정 마세요. 그리고 나중에, 순정이가 더 자란 뒤에 차분히 대화하세요."

그러자 순정이 어머니가 나를 한참 보더니 뜻밖의 말을 꺼냈다.

"선생님……, 술 좀 하세요?"

딸의 담임에게 술 마실 줄 아느냐고, 할 얘기가 무척 많으니 제발 들어달라는 속내를 그렇게 드러내는 어머니를 보며 나는 석연치 않던 점이 시원해지는 느낌을 받았다. 순정이와 어머니 사이에 팽팽하게 놓인 양가감정을 읽은 거였다. 순정이에게 어머니는 죽이고 싶도록 미우면서도 보호하고 싶은 존재라는 건 알고 있었다. 그런데 어머니에게도 딸에 대한 이중 감정이 있었던 것이다. 마음대로 안 따라주는 딸이 미우면서도, 그 딸에게 인정받고 싶은 감정.

그제야 나는 깨달았다. 나는 두 사람의 감정싸움에 휘말렸던 것이다. 스승의 말뜻이 무엇인지 알 것 같았다. 내 탓이 아니며, 내가 어떻게 할 수 있는 문제가 아니라는 말. 어찌할 수 없는 일을 어찌할 수 없는 대로 받아들이는 건 무기력이 아니라는 사실도 알았다.

순정이는 떠나기 전에 말했다.

"저 많이 좋아졌어요. 아직도 마음이 무엇인지 잘은 모르겠지만……. 선생님 덕분에 따뜻했어요."

순정이가 떠난 뒤 나는 다시 한 번 알았다. 나는 학생을 변화시키거나 교도할 수 없는 선생이라는 사실을. 나는 하마터면 내가 아이들을 모두 있는 그대로 받아들일 줄 아는 경지에 이른 선생으로 착각할 뻔했다. 순정이 덕분에 나는 내 수준을 알았고, 더 많이 놓아야 하고, 더 많이 가야 한다는 사실을 알게 되었다.

순정이는 마음 일기장에 늘 모르겠다고 쓰면서도 꾸준히 제 마음을 향해 간 거였다. 제 힘으로는 어쩔 수 없는 현실을 알아차리고 받아들인 것도 순정이가 나보다 먼저였다.

순정이가 그렇게 마음을 들여다볼 때 나는 오히려 갈팡질팡 헤맸다. 내 힘으로 순정이를 변화시키겠다는 욕심을 부렸다. 헤매고 욕심내느라 내 두려움의 실체를 몰랐다.

순정이가 잘못될까 봐 안절부절못하고 두려워했던 내 마음. 그 마음의 실체를 알았을 때 나는 얼굴이 화끈거리도록 부끄러웠다. 나는 내 두려움이 순정이를 위한 거라고 믿었다. 그런데 제대로 들여다보니 그건 나를 위한 거였다. 나는 겁이 났던 것이다. 내가 맡은 아이가 잘못돼서 내가…… 힘들까 봐.

만약 지금 또다시 순정이 같은 아이가 나타난다면 어떨까. 나는 여전히 그 아이에게 더 큰 관심을 쏟을 것이고, 많은 시간을 투자할 것이다. 인간 대 인간으로 믿음을 듬뿍 주려고 노력할 것이고, 행여 잘못된 선택을 하지 못하도록 온 힘을 다할 것이다. 순정이에게 그랬던 것처럼.

그렇지만 이제 나는 두려움에 사로잡혀서 전전긍긍하지 않을 것이다. 아이가 아니라 내가 괴롭고 힘들까 봐 두려워하지는 않을 것이다. 우선 내 마음을 잘 들여다볼 것이고, 아이의 괴로움을 내 괴로움으로 바꾸지 않을 것이고, 그 괴로움으로 사건을 확대시키지 않을 것이며, 내 괴로움에 내가 병이 나서 자책하고 무기력해지지 않을 것이다. 오로지 마음을 받아주고 담담히 지켜볼 것이다.

순정이는 큰 선물을 내게 안겨주고 갔다. 경험과 지혜라는 선물. 순정이에 앞서 만난 '문제아'들이 내게 남긴 건 상처였다. 자책과 무력감이 빚어낸 상처. 그렇지만 순정이를 겪고 내 마음을 제대로 알아차린 뒤부터 나는 마침내 부질없는 상처를 털어냈다. 그 상처가 있던 자리에는 앞으로 새로 만날 문제아(엄밀히 말하자면 문제아가 아니라 마음에 문제가 있는 아이)들을 위한 지혜로운 경험이 스며들었다.

순정이는 지금, 20대 젊은이로서 누구보다 열심히, 잘살고 있다.

4장

마음 일기로 달라진
아이들, 그리고 나

내 마음, 나도 몰라요

오늘 하루 내 마음은 잘 모르겠습니다.

왜냐하면

1. 언제: 오늘 내내

2. 어디서: 학교에서

3. 누구와: 누구와 있든

4. 무슨 일(말과 행동): 그냥 별로…….

수영이는 성격이 밝고 당차며 리더십을 갖춘 아이였다. 역사를 좋아하는 논리정연하고 똑똑한 아이였다. 그래서 꿈도 역사 선생님이었다.

"선생님, 저 급식비 지원 좀 해주세요. 아시다시피 제가 가정 형편이 안 좋잖아요."

학교에서 받을 수 있는 지원 요청도 수영이는 씩씩하게 했다. 다른 아이들 같으면 쭈뼛거리며 꺼리기 십상이지만 수영이는 당당했다.

그랬다. 씩씩하고 당당하고 똑똑한 수영이는 제 말마따나 가정 형편이 안 좋았다. 초등학교 때 부모가 이혼한 뒤, 수영이는 동생과 함께 아버지를 따라갔다. 아버지는 일용직 노동을 해서 살림을 꾸렸다. 비록 넉넉하지는 않지만 아이들에게는 자상한 아버지였다. 그런 아버지를 믿고 의지하며 수영이는 어려서부터 집안일을 맡아 했다. 밥하고, 빨래하고, 청소하고, 동생 보살피고……. 수영이는 늘 바빴다. 그래서 자율학습도 할 수 없었다. 수업이 끝나면 득달같이 집으로 달려갔다.

학교에서도 집에서도 수영이는 나무랄 데 없이 야무진 생활을 하고 있었다. 어른도 힘든 일을 병행하는 처지였지만 좀처럼 힘든 내색을 하지 않았다. 아니, 마치 처음부터 제가 당연히 해야 할 일이었다는 듯 기꺼이 받아들이는 모습이었다.

너무 야무진 성격 때문일까, 아니면 책임감이 지나치게 강해서일까. 수영이는 마음 일기에도 좀처럼 마음을 털어놓지 않았다. 언제나 의젓한 모습만 보이다 보니 약한 속내를 드러내는 데 익숙하지 않은가 보다, 고 나는 생각했다. 그런 수영이를 보노라면 한편으로는 대견하면서도 다른 한편으로는 늘 안쓰러운 마음이 들었다. 그 또래에 누려야 할 것들을 마음껏 누려야 이후의 정서적인 삶이 풍요로워질 텐데, 그럴 수 없는 처지가 안타까워서였다.

수영이는 씩씩한 아이답게 좀처럼 눈물을 보이는 일도 없었다. 다른 친구들이 다 울어도 혼자서 담담한 표정을 잃지 않았다. 뭐, 그깟 일로 울고 그러느냐, 는 얼굴이었다. 그런 수영이가 딱 한 번 울었다.

소모임에서 인생 곡선을 그려본 날이었다. 내가 학급 소모임에서 인생 곡선 그리기를 진행한 이유는 아이들에게 바라는 게 있어서였다. 비록 짧은 '인생'이지만 아이들의 인생도 단면만 보자면 오랜 세월을 산 어른과 그리 다를 게 없다. 짧든 길든 돌이켜보면 그 안에 기쁨과 슬픔, 행복과 불행, 희망과 절망이 교차하고 있으니까. 그런 삶을 그래프로 옮겨보면 누구랄 것 없이 굴곡진 높낮이가 선명하게 드러난다.

인생 곡선을 통해 아이들에게 알려주고 싶은 게 있었다. 지금 아무리 힘들고 괴로워도 지난 시간을 나타내주는 그래프가 보여주듯이 모두 지나갈 일이라는 것. 그러니 아프고 고통스러워도 견뎌주기를 바라는 마음을 전하고 싶었다.

누군가는 인생 곡선을 두고 이렇게 표현했다. 들쑥날쑥한 그래프 모양이 영락없는 심장 박동 그래프와 닮았다고 말이다. 높낮이 없이 일정한 선만 지속되는 건 죽은 심장을 의미한다. 그러니 불행과 행복이 교차하는 인생 곡선이야말로 살아 있다는 증거가 아니겠느냐고, 그게 바로 삶이 아니겠느냐고 주장한다. 무척 의미심장한 비유였다. 나는 아이들이 당장은 실감하지 못하더라도 언젠가 못 견디게 힘든 순간이 닥칠 때 그 비유를 한 번쯤 되새기며 희망을 가지기를 바랐다.

내가 아이들에게 바라는 게 또 있었다. 아이들이 자신의 인생 이야기를 친구들과 가볍게 털어놓고 나누기를 바라는 마음이었다. 힘들다고 꼭꼭 숨겨두었던 사연도 서로 꺼내놓고 나누다 보면 공감하게 되고, 혼자만 겪는 일이 아니라는 사실을 알게 된다. 아무리 무겁던 마음도 나누면 가벼워진다는 것도 깨닫게 된다. 그렇게 아이들이 마음의 짐을 덜고, 홀가분해지기를 나는 진심으로 바랐다. 게다가 그런 시간을 함께 가진 아이들 사이에는 남다른 유대감이 생기기 마련이다. 즐거움과 괴로움을 함께 나눈 친구와의 우정이 그만큼 더 두터워지는 것이다.

수영이의 인생 곡선도 모양만 두고 보자면 다른 사람과 크게 다르지 않았다. 어느 시기는 바닥으로 떨어지고, 또 어느 시기는 높이 치솟았다. 그래프가 가장 낮은 바닥으로 떨어진 시기는 부모가 이혼한 때였다. 충분히 공감이 갔다. 내가 의아하게 여긴 부분은 미래 곡선의 어느 시점이었다. 돌이킬 삶보다는 살아갈 삶이 더 길게 남아 있는 게 아이들인지라 나는 미래의 모습을 상상하며 미래 곡선도 그려보라고 했다. 그런데 수영이가 그린 미래 곡선이 5~60대의 어느 시점에서 뚝 떨어져 있었다. 그리고 그 이후로는 이어지는 선이 없었다.

"이때쯤에 무슨 일이 벌어지기에 이런 곡선을 그렸니?"

내가 묻자 수영이는 고개를 푹 숙이며 대답했다.

"아빠가…… 돌아가시는 때예요."

그리고 생전 울지 않던 수영이가 눈물을 흘리기 시작했다. 나는 당황해서 수영이를 붙잡고 말했다.

"수영아, 이건 그냥 상상이야. 앞으로 수십 년 뒤에 일어날 일을 상상해본 것뿐이잖아. 그런데도 그렇게 슬프니?"

수영이는 고개를 끄덕이며 울먹였다.

"상상만 해도 막막해요. 아빠가 돌아가신다는 생각만 해도 눈앞이 깜깜해요. 그다음부터는 미래가 없어요."

가슴이 턱, 막혀왔다. 수영이의 삶은 오로지 아버지라는 존재에 기대어 지탱되고 있었던 것이다. 초등학교 때부터 집안 살림을 도맡아 하면서도 씩씩하게 견딜 수 있었던 힘은 오로지 아버지였다. 수영이는 오래 전부터 제 편이 되어줄 사람은 아버지 한 사람밖에 없다고 여긴 거였다. 그 유일한 존재가 스러지면 그 순간부터 자기 자신도 살아갈 의미가 없어질 만큼 수영이에게 아버지는 절대적인 신앙이었다.

그러나 수영이의 애착을 감히 지나친 집착이라고 폄하할 수가 없었다. 수영이의 마음속 깊은 곳에 자리한 두려움이 읽혔기 때문이다. 다시 버림받을지도 모른다는 두려움이 그것이었다. 수영이는 이미 한 번 버림을 받은 아이였다. 이혼은 어른들의 일이라지만 아직 어린 아이에게 어머니가 없어진다는 건 영혼을 보호해주던 우주가 한 꺼풀 사라지는 것과 같은 충격일 수밖에 없다. 그런 끔찍한 일을 두 번 다시 겪고 싶지 않은 간절함이 아버지에 대한 애착으로 자리 잡은 것 같았다.

수영이는 아버지마저 잃지 않기 위해서 그토록 씩씩하게 애어른 노릇을 자처해온 거였다. 정작 걱정스러운 건 다른 문제였다. 줄곧 아버지에게만 삶의 초점을 맞추다 보니 수영이는 자기 자신을 잃어버린 아이가 되어버렸다. 누가 봐도 힘든 상황에 놓여 있는데도 자신이 힘들다는 사실을 몰랐다. 때로는 어머니를 그리워하는 마음이 들 텐데도 그런 마음마저 알아차리지 못할 만큼 감정이 둔해져버렸다. 아니, 그런 마음이 생길라치면 더욱 더 아버지에게 매달리는 쪽을 선택하는 것 같았다. 수영이가 마음 일기장에 제 마음을 모르겠다고 쓴 건 의연한 모습을 보이고 싶은 게 아니라 안타깝게도 사실을 표현한 거였다.

수영이는 힘들어 마땅한 처지인데도 제가 힘든 줄을 모르기 때문에 다른 사람이 힘들어할 때 왜 그러는지 공감하지 못했다. 친구들이 울 때 같이 울어줄 감정을 느끼지 못해서 그저 멍하니 바라보기만 했던 것이다. 친구들 사이에서 문제가 발생하면 나름대로 조언도 잘하고 해결사 역할도 했지만 막상 제 얘기를 꺼내놓지는 못했다.

나는 담임으로 수영이와 2년을 함께했다. 그 2년 동안 나는 줄곧 수영이가 제 마음 상태부터 눈치채도록 도와주려고 무던히 애를 썼지만 효과는 크지 않았다. 내가 힘들지 않느냐고 물으면 수영이는 한결같이 힘들지 않다고 대답했다. 네 마음이 어떠냐고 물으면 대개는 모르겠다고 했다. 마음 일기도 잘 쓰지 않았다. 마음을 모르니 마음 일기 쓰는 게 고역인 것 같았다. 그나마 다행인 건 서로의 마음을 나누는 소모임 활동을 참 좋아하고 열심히 했다. 학기가 바뀌고 새로 모임에 들어오는 아이들이 생길 무렵에는 나한테 이런 부탁도 했다.

"선생님, 저는 지난 학기 때 함께했던 애들이랑 묶어주세요. 새로 들어오는 애들 말고요."

굳이 묻지 않아도 이유를 알 수 있을 것 같았다. 제 딴에는 그동안 모임을 함께하며 서로 얘기를 주고받았던 친구들이 편했던 것이다. 제 마음을 모르겠다는 수영이가 편안함을 느낀다면 그것만으로도 좋은 일일 터였다. 다른 날 같으면 바삐 집으로 가서 밥을 할 아이가 소모임이 있는 날은 밤 아홉 시가 넘도록 교실에 남아서 종알거리고 있었다. 나로서는 그저 그 모습을 지켜보는 일이 최선이었다.

고3이 되어 대학 입시 원서를 쓸 시기가 되었을 때 수영이는 나를 찾아와서 치위생과를 가겠다고 했다. 2년 동안 담임을 하면서 그 아이의 꿈을 알고 있던 나는 의아해서 물었다.

"넌 역사 선생님이 되고 싶다고 했잖아. 그럼 역사를 전공해야지."

"……."

수영이는 역사 과목을 좋아하고 잘하는 학생이었다. 그 과목만큼은 요약도 잘하고 친구들과 나눠 보는 데도 인색하지 않았다. 그런데도 수영이의 결심은 요지부동처럼 보였다.

"네가 굳이 치위생과를 간다면 할 수 없지만, 아쉽지 않겠니?"

수영이는 고개를 가로저었다. 몇 번이나 확인했지만 결심을 바꾸지 않았다. 나는 수영이가 바라는 대로 원서를 써주었다. 차마 말릴 수도 없었다. 그 아이가 처한 환경을 누구보다 잘 알기 때문이었다. 끝내 제 입으로 말하지는 않았지만 하루라도 빨리 제 손으로 돈을 벌어 아버지와 동생에게 도움이 되고 싶었을 것이다.

참 기특하고 대견한 아이였지만 내 마음은 착잡하기 그지없었다. 수영이가 제 꿈을 희생했기 때문은 아니었다. 수영이가 어떤 선택을 하든 나는 아낌없이 지지할 터였다. 다만 내가 안타까웠던 건 그 아이가 다른 사람 아닌 자기 자신의 마음을 알아차리고 인정해주는 모습을 끝내 보지 못한 채 헤어지게 된 점이었다. 힘이 들어도 힘이 드는 줄 모르고 살다가 어느 날 너무 깊이 좌절하는 순간이 올까 봐 마음이 놓이지 않았다.

수영이처럼 힘이 들다 못해 무감각해진 사람들은 제대로 위로받는 법을 모른다. 수영이를 보면 늘 겹쳐지는 얼굴이 하나 있었다. 우연히 방송에서 본 어느 입양아의 얼굴이었다. 아이는 태어나자마자 버림받아 따뜻한 보살핌을 전혀 경험하지 못했다고 한다. 그래서인지 그 아이는 넘어져서 다쳐도 '아야!' 소리도 할 줄 몰랐다. 아파서 울어도 상처를 어루만져주며 달래주는 사람이 곁에 없었기 때문이다. 그런데 그 아이가 양부모를 만나 입양되고 2년이 지난 뒤에는 달라져 있었다. 아프면 아프다고 소리쳐 울게 된 것이다. 그 울음은 '위로'가 무엇인지, 위로에 의지하는 제 마음이 어떤 것인지 이제는 알게 됐다는 신호에 다름 아니었다. 한편으로는 양부모의 사랑이 얼마나 지극했는지 짐작할 수 있는 단서이기도 했다.

수영이에게 나는 어떤 선생이었을까. 나름대로 최선을 다했지만 내 관심과 애정이 오랜 시간 얼어붙은 수영이의 마음을 녹이기에는 부족했던 것 같다. 또한 수영이가 보살핌과 위로를 맛보지 못한 채 견디며 지내온 시간이 너무 긴 탓도 있었을 것이다.

여러 해가 지났지만 나는 지금도 가끔 수영이를 떠올린다. 그리고 간절히 바란다. 수영이가 지금쯤 누군가와 풍부하게 감정을 교류하면서 잘 살아가기를, 아버지만 바라보던 시선을 조금만 돌려보기를. 몹시 힘든 일이 생기면 부디 누구에게든 제 마음을 꺼내놓고 위로받기를 바란다.

한편으로 수영이는 내게 귀중한 과제를 남겼다. 제2, 제3의 수영이를 만날 때 내가 할 수 있는 일이 무엇인지 고민하게 만들어준 것이다. 그리고 다행히 그 고민의 결과는 헛되지 않았고, 뜻밖의 부수 효과까지 얻게 되었다.

저 아이, 저렇게 살아도 된다

오늘 하루 내 마음은 멍했습니다.
왜냐하면
1. 언제: 하루 내내
2. 어디서: 학교, 집에서
3. 누구와: 혼자
4. 무슨 일(말과 행동): 그냥 멍했기 때문에.

처음 수진이의 마음 일기를 볼 때만 해도 나는 크게 염려하지 않았다. 마음 일기장에 '멍'과 '그냥'이라는 표현을 하는 아이들이 종종 있었기 때문이다. '멍때린다'는 표현이 유행어가 될 지경이니 그리 낯설지도 않았다. 그래서 나는 이렇게 댓글을 달아주었다.

'멍때렸구나. 멍이라도 때려야 긴긴 시간이 흘러가지. 아무렴.'

'오늘 하루 내 마음은 멍했습니다.'
'오늘 하루 내 마음은 멍했습니다.'
'오늘 하루 내 마음은 몸이 아팠습니다.'
......

수진이는 일기를 쓸 때마다 거의 예외 없이 멍하다는 표현으로
마음 상태를 드러냈다. 이유는 언제나 '그냥'이었다. 한 가지 특이
한 점은 사이사이 몸이 아파서 괴로웠다는 내용이었다. 마음이 어
떠냐고 묻는데 몸이 아프다는 엉뚱한 대답을 한 셈이었다. 그런데
어느 날부터 그 부분이 내 마음에 걸리기 시작했다. '몸'이 아프다
는 수진이의 일기가 '마음'이 아프다는 소심한 절규로 들리기 시작
한 것이다. 내 눈과 마음이 자꾸만 수진이에게 향하는 날이 그만큼
잦아졌다.

처음에 수진이를 크게 걱정하지 않은 건 그 아이의 겉모습 때문
이었다. 수진이는 누가 봐도 예쁘고 성실한 아이였다. 공부도 생활
도 나무랄 데가 없었다. 속내를 주고받는 친구도 꽤 여럿 있는 눈
치였다.

그런데 그 아이가 몸이 아프다는 일기를 쓰는 게 점점 마음에 걸
리기 시작했다. 특히 시험 기간이면 거의 날마다 빠짐없이 아프다
고 썼다. 급기야 어느 날 청소 시간에 수진이는 교무실로 나를 찾

아왔다. 다른 아이들과 달리 수진이가 교무실까지 찾아 온 건 그때가 처음이었다.

"수진아, 왜?"

"저기…… 몸이 좀 아파서……."

나는 얼른 수진이의 낯빛을 살폈다. 핏기 없이 창백했다.

"왜, 어디가 아픈데?"

수진이는 대답을 못하고 머뭇거렸다. 자율학습을 빠지고 집에 가서 쉬고 싶은 모양인데 차마 말을 못하는 것 같았다. 수진이는 그렇게 순한 아이였다. 걸핏하면 찾아와서 아프다고, 조퇴하겠다고 졸라대는 아이들도 많건만 말이다. 난처해하는 수진이 대신 내가 먼저 입을 열었다.

"이그, 수진아. 너 아프네. 아픈 게 맞네. 얼굴에 핏기가 하나도 없다. 지각 한 번 안 하는 네가 교무실에 온 걸 보니 아파도 많이 아픈가 보다. 알았어. 얼른 집에 가. 오늘은 쉬어. 공부하지 말고 자. 내일도 많이 아프면 전화하고."

수진이가 내 얼굴을 빤히 보았다. 눈빛에 고마워하는 기색이 듬뿍 담겨 있었다. 행여 꾀병 부리지 말라는 야단을 맞을까 봐 걱정이라도 했던 듯, 마음이 푹 놓이는 눈치였다. 나는 고개를 끄덕여주고 수진이의 등을 떠밀었다. 수진이는 말없이 꾸벅 인사하고 교무실을 나갔다.

수진이를 보낸 뒤 나는 문득 몸이 아파서 힘들었던 교직 초년 시절을 떠올렸다. 학교 복도에서 쓰러지고, 장이 꼬이고, 입원하고,

수술하고……. 돌이켜보면 그때 나는 몸보다 마음이 더 아픈 시기였다. 아니, 마음이 너무 힘들어서 몸까지 아팠다. 그런데 정작 나는 그 사실을 알아차리지 못했다. 거기까지 생각이 미치자 수진이의 마음 일기 내용이 새삼스럽게 다가오기 시작했다. 종종 몸이 아프고, 마음은 늘 멍하다는 수진이. 그 아이가 혹시 예전의 나와 같은 상태인 걸까? 수영이처럼 제 마음을 도무지 모르고 있는 건 아닐까?

그러고 보니 수진이가 2학기 보충수업 신청을 하지 않았다는 데 생각이 미쳤다. 뿐만 아니라 1학기 등록금이 밀린 상태였다. 학비가 밀린 아이는 수진이 말고도 여럿 있어서 그동안 심각하게 여기지 않았다. 그래도 수진이처럼 공부에 열심히 매달리는 아이가 보충수업 신청을 안 한 건 의외였다.

그날부터 나는 수진이의 가정환경을 꼼꼼히 다시 살펴보았다. 수진이네는 특히 더 가난했다. 아버지는 아파서 누워 있고 어머니 혼자 버는 집이었다. 그나마 어머니의 벌이는 신통치 않았다. 그 탓에 형편이 안 좋은 사람들이 모여 사는 동네에서 살다가 그보다 더 가난하고 먼 변두리로 옮겨가야 했다.

수진이의 마음을 알 것 같았다. 가난, 마음의 병, 몸의 병, 내게도 낯익은 것들이었다. 영리하고, 이루고 싶은 욕구도 누구 못지않은 수진이는 가난 때문에 채워지지 않는 것들을 그저 억누르고 있었던 거다. 억누르다 보니 몸이 늘 아플 수밖에.

마음 일기에 멍하다는 표현이 자주 등장한 것도 그 때문이었다.

열심히 노력하지만 한계에 부딪치면서 성취가 안 되는 상황이 되풀이되고, 그럴수록 빨리 성취해야 한다는 조급함이 그 아이를 더 짓눌렀던 것이다. 조급함 때문에 건강하게 자신의 감정을 풀 줄도 몰랐고, 아이답게 놀 줄도 몰랐다. 그저 성실하게 사는 것이 수진이가 취할 수 있는 유일한 길이었지만 불안감이 늘 한발 더 앞서 있었다. 해내지 못하면 어떻게 하나, 하는 불안과 초조감이 그 아이를 감싸고 있었다. 그러다 보니 안정된 상태에서 차분히 제 마음을 돌아볼 여유가 없었다.

그런 아이들일수록 철이 일찍 든다. 수진이는 누구보다 부모님의 처지를 잘 이해했기 때문에 그저 참고 사는 아이였다. 학비가 밀린 것도 그 때문이었을 터이다. 그리고 2학기 보충수업 신청은 엄두조차 내지 못한 것이다.

그 사실을 미리 파악하지 못한 나 자신이 답답하게 여겨졌다. 한편으로는 너무 늦지 않게 알아서 다행이라는 생각도 들었다. 마침 그즈음에 만난 친구 하나가 수진이 얘기를 듣더니 흔쾌히 제안했다.

"적지만 내가 그 아이한테 장학금을 주면 안 될까? 얘기를 들어보니 조금만 후원해주면 열심히 잘살 것 같은데……."

친구는 수진이를 위해 졸업할 때까지 다달이 10만 원을 후원하겠다고 했다. 나는 염치 불구하고 기꺼이 그 제안을 받아들였다. 그리고 수진이를 불렀다. 수진이를 앞에 두고 입을 떼기가 무척 조심스러웠다. 수진이의 자존심을 다치게 하고 싶지 않았기 때문이다.

사실, 내가 수진이의 사정을 그토록 까맣게 눈치채지 못한 데는 자존심 강한 그 아이의 성격도 한몫을 한 거였다. 제 형편을 미리 알려주기만 했어도 공식적인 지원 방법을 미리 알아볼 수 있었다. 그런데 마음은 곪아 들어가면서도 늘 단정하고 성실한 모습으로 제 형편을 숨긴 수진이의 태도에 나도 어처구니없이 속은 셈이었다.

"수진아…… 2학기 보충수업 신청을 안 했네?"

수진이는 묵묵히 고개만 숙이고 있었다.

"내 말 잘 들어라. 보충수업은 듣자. 네가 왜 신청 안 했는지 알 것 같은데……, 그래, 돈 때문이라면 방법이 있으니까 신청하자."

수진이는 여전히 대답이 없었다. 나는 아이가 행여 상처받을까 봐 조심조심 말을 이어갔다.

"너한테 장학금을 주고 싶다는 사람이 있어. 그러니까 돈 걱정은 안 해도 돼."

수진이는 놀란 눈으로 나를 보더니 겨우 입을 열었다.

"누, 누가……?"

"누구긴, 키다리 아저씨지!"

나는 짐짓 가벼운 말투로 농담처럼 대답했다. 그리고 이내 진지하게 타일렀다.

"수진아, 가난한 건 네 탓이 아니야. 죄도 아니고. 미안하다. 선생님이 일찍 알았으면 학교 지원금을 알아봤을 텐데……. 그래도 다행히 너한테 장학금을 주고 싶다는 분이 있으니까 고맙게 받자, 알았지?"

수진이 눈에 눈물이 그렁그렁 차올랐다. 나는 노파심에 수진이 손을 붙잡고 간곡하게 말했다.

"도움이 필요하면 요청해야 해. 그건 부끄러운 게 아니야. 당당하게 요청할 줄 아는 것도 용기야. 도움 받을 땐 당당하게 받고, 다음에 네가 도움을 줄 수 있을 때 되돌려주면 되는 거야. 도움을 받는다고 자존심 상한다고 생각하면 안 돼. 그럼 넌 나쁜 아이야. 그런 건 자존심이 아니야. 진짜 자존심은 지금 도움을 받고, 나중에 네가 두 사람을 도와주겠다고 마음먹는 것, 그런 게 진짜 자존심인 거야. 알겠지?"

수진이는 흐르는 눈물을 야무지게 닦아내며 말했다.

"네, 고맙습니다……."

그렇게 보충 수업비를 해결한 뒤, 나는 공식적인 통로를 통해 수진이의 밀린 학비도 지원해주었다. 그런 다음 수진이를 위해 좀 더 근본적인 해결 방안을 모색했다. 보충 수업비나 밀린 학비 해결, 그리고 단기간의 소액 후원으로 수진이의 삶 전체를 바꾸기는 힘들었다. 무엇보다 나는 수영이를 겪으며 느낀 한계를 넘어서고 싶었다.

나는 수진이가 쓴 마음 일기를 다시 한 번 살펴보았다. 일기장에 종종 등장하는 '멍하다'는 표현 속에 묻혀 있는 진심을 찾아보기 위해서였다. 그리고 수진이를 위한 도구 하나를 만들었다.

"수진아. 너 생각이 정말 많지?"

수진이를 위한 맞춤형 대책을 실행하기 앞서 나는 그렇게 물었다. 그러자 예상했던 대답이 돌아왔다.

"아니요. 저……, 생각 별로 안 하는데요……."

"너 늘 머리가 멍하다면서? 멍하다는 게 바로 생각이 너무 많다는 증거야."

"……?"

"잘 들어봐. 지구는 자전을 해. 매순간 움직이고 있지. 엄청나게 큰 지구가 움직이는데 소리가 안 나겠니? 사실은 굉장히 큰 소리가 난대. 다만 그 소리가 너무 커서 인간의 청력으로는 들을 수가 없는 거야. 그와 비슷해. 머릿속을 맴도는 생각이 너무 많으면 무슨 생각을 하는지조차 몰라. 그래서 그냥 멍한 상태라고 착각하는 거야. 멍한 상태가 계속되면 실제로 머리가 아프기도 해. 그게 수진이네 상태야. 상태를 알았으니까 이제 해결을 해보자."

"어, 어떻게요?"

나는 미리 준비한 인쇄물을 내밀며 설명했다.

"이건 아침 6시부터 밤 1시까지 30분 간격으로 칸을 만든 거야. 복잡하지 않지? 너는 이제부터 30분마다 한 번씩 무슨 생각을 하는지 관찰했다가 이 칸에 적어봐. 공부 안 해도 돼. 당분간 네가 집중할 일은 이거야. 알았니?"

생각 목록. 그것이 내가 수진이 덕분에 고안한 도구였다. 마음공부를 시작할 때 스승과 나눈 대화를 떠올려 보니 수진이가 멍한 상태에 빠진 건 생각이 너무 많아서일 거라는 짐작이 들었다. 처음에는 나도 내 안에 그렇게 많은 생각이 있는 줄 몰랐다. 그때 스승은 먼지와 햇빛의 비유를 들어서 생각을 정리하고 마음에 이르는 길을 설명해주었다.

내가 만든 생각 목록은 호흡에 집중하는 방식을 대신하는 거였다. 수진이 같은 청소년들에게 호흡에 집중하라는 건 너무 비현실적인 요구일 게 틀림없었다. 어떤 면에서는 강제성을 느낄 수도 있지만 그렇게라도 해서 수진이가 먼지처럼 자욱하고 부질없는 생각들을 정리하고 제 마음을 직시하기를 바랐다.

착한 수진이는 열심히 생각 목록을 작성했다. 그래도 처음에는 빈칸이 듬성듬성했다. 자연스런 과정이었다. 무슨 일이든 첫술에 배부를 수는 없으니까. 생각이 많다 못해 멍한 아이가 간간히 생각을 놓치는 건 지극히 당연한 일이었다.

날이 갈수록 빈칸이 줄어들었다. 예상대로 수진이의 머릿속에는 온갖 생각이 잡다하게 들어차 있었다. 집, 돈, 부모님, 진로, 친구, 불안한 미래……. 나는 수진이가 그런 생각들을 종이에 구체적으로 적으면서 무겁던 머리가 조금씩 가벼워지기를 진심으로 바랐다.

수진이가 생각을 비워낸 날들이 얼마나 지났을까. 내가 처음에 상상했던 수준을 훨씬 뛰어넘는 결과가 나타나기 시작했다. 무엇보다 수진이는 눈에 띄게 밝아졌다. 마음 일기 내용도 달라지고 있었다. '멍'이라는 표현이 점점 줄어들더니 어느 순간 사라졌다. 대신 그 자리에 제 마음을 보여주는 표현이 자리 잡기 시작했다. 두려움, 불안, 초조, 때때로 기쁨이나 즐거움. 나는 두렵거나 불안하다는 표현까지도 반가웠다. 수진이가 제대로 제 마음을 보기 시작했다는 증거였으니까. 무엇보다 몸이 아프다는 표현이 뜸해진다는 것도 나를 들뜨게 만들었다.

수진이는 전보다 공부도 더 열심히 했다. 아니, 놀라울 만큼 집중력이 높아졌다. 똑같은 시간을 투자하고도 결과가 달랐다. 수진이는 언제나 열심히 공부하는 아이였지만 성적이 전보다 훨씬 좋아졌다. 과외도 한 과목 받지 않으면서 그런 성적을 내는 게 믿기 힘들 지경이었다. 능력만 있다면 나부터 나서서 무한 지원을 해주고 싶은 마음이 절로 들었다. 주변에 도움 줄 수 있는 사람이 있다면 일 대 일 결연이라도 맺게 해주고 싶었다.

시간이 더 흐르고, 수진이는 이제 더 이상 불안하다거나 우울하다는 일기를 쓰지 않았다. 예전의 수진이와 지금의 수진이가 같은 아이인지 의심이 들 만큼 밝고 명랑해졌다. 걱정과 조바심이라는 물로 가득 차 있던 물꼬가 시원하게 터지면서 몸과 마음의 아픔이 씻은 듯이 사라진 듯했다. 그리고 수진이는 한층 더 성장했다.

"선생님, 저 정말로 나중에 제가 받은 것만큼, 아니 그보다 더 갚아줄 거예요. 진심이에요."

나는 수진이의 진심을 믿는다. 다만, 지금은 국문과에 진학해서 열심히 대학 생활을 하고 있는 수진이가 무사히 학업을 마치기를 조금은 애타는 심정으로 바라고 있다. 중산층도 허리가 휜다는 그 비싼 대학 등록금을 감당하고 있을 수진이의 모습이 떠올라서다. 그래도 한 가지는 걱정하지 않아도 된다고 스스로 위안한다. 적어도 수진이가 마음이 힘들어서 몸까지 아픈 지경까지는 가지 않을 거라는 믿음이 그것이다. 지금쯤은 내가 댓글을 달아주지 않아도 제 마음을 스스로 잘 살피고, 스스로 다독거리는 힘이 더 강해졌으리라고 믿는다.

수진이를 겪으면서 나는 그와 비슷한 아이들을 더 관심 있게 살필 수 있었다. 이른바 '신체화증상'을 겪는 아이들이다. 마음에 관심을 두고 상담이나 심리 분야를 조금씩 공부하면서 배운 용어인데, 심리적인 조건에 따라 신체 증상이 생기는 현상을 그렇게 표현한다고 한다.

다시 말해서 외로움, 분노 같은 심리적인 갈등 요소가 신체적인 증상을 호소하는 형태로 변환되어 나타나는 증상이다. 억압된 감정이 구토나 소화성궤양 같은 몸의 이상 증상으로 표출되는 것이다.

신체화는 한마디로 마음이 아파서 몸까지 아픈 경우라고 할 수 있을 것 같다. 알고 보면 나도 호되게 겪은 적이 있다. 너무 화가 나서, 너무 절망해서 차라리 몸이 아파버리는 일이란 어쩌면 가장 강력한 회피이면서도 가장 나약한 저항의 표현인지도 모른다.

특히 여자아이들은 신체화증상을 보이는 경우가 많다. 수진이뿐만 아니라 여러 아이들이 마음 일기에 몸이 아프다고 썼다. 그 아이들이 지닌 공통점은 평소에 말이 없고 조용해서 잘 드러나지 않는다는 점이다.

그런데 그저 아프다고만 호소하는 아이들을 나는 처음에는 잘 파악하지 못했다. 그러다가 수진이를 겪으면서 몸이 아픈 아이들의 마음을 좀 더 깊이 들여다볼 수 있게 되었다. 그러고 보니 아픈 아이들이 한둘이 아니었다. 남자아이들도 예외가 아니었다. 툭하면 잘 넘어지고, 뼈가 부러지는 아이들이 있는데 그것도 일종의 신체화증상이라는 걸 알고 놀란 기억이 있다.

신체화증상은 특히 시험 기간에 더 두드러지게 나타나는 것 같았다. 여자아이들의 경우, 교실에 전염성 강한 설사병이 돌기라도 하는 듯이 얼굴이 하얗게 질려서 앉아 있는 경우가 많았다. 창백한 그 얼굴들을 보고 있자면 학교가 아이들에게 어떤 아픔을 가하고 있는지 여실하게 확인할 수 있었다.

수진이와 비슷한 아이들을 만나면서 나도 조금 성장하고 있었다. 마음 일기를 통해 아이들의 다양한 성향을 파악하면서, 참고 지켜보는 힘이 조금씩 커지는 걸 느꼈다. 아이들은 그처럼 다양한데, 각기 다른 그 아이들 하나하나를 모두 획일적으로 바꿀 수는 없는 노릇이라는 걸 새삼 알아차리며 얻은 힘이었다.

아이들을 지켜보고 기다리면서 내 조급함도 많이 수그러들었다. 전에는 '저 아이, 저렇게 살면 안 되는데……' 싶던 마음이 차츰 '저 아이, 저렇게 살아도 된다.'는 쪽으로 옮겨갔다.

교사라는 이름으로 아이들 앞에 서 있었지만 나는 또 그렇게 아이들을 통해서 배우고 있었다.

꼴찌부터 일등까지,
아이들은 모두 공부를 잘하고 싶어 한다

담임을 맡다 보면 참 여러 부류의 아이들을 만나게 된다. 그 가운데서도 유독 눈에 띄는 아이들이 있다. 눈에 들어오는 아이들은 이른바 '존재감'이 있다는 평가를 받는다. 그런데 존재감에도 두 종류가 있다. 또래에게 호감을 주는 존재감과 그 반대의 경우다.

순정이의 경우는 호감을 사는 경우였다. 딱히 친구가 많거나 친구를 사귀려는 노력을 하지 않았지만 아이들은 순정이를 내심 지지했다. 순정이가 힘들어하는 자세한 내막은 모르면서도 순정이의 괴로움을 이해하려고 애를 썼다. 감정을 부풀리거나 왜곡하지 않고 딱 제가 힘들고 괴로운 만큼만 내색하는 순정이에게서 어떤 진심을 발견했기 때문인지도 모른다.

그런가 하면 똑같은 짓을 하고도 유난히 미움을 많이 받는 아이들이 있다. 연주가 그랬다. 연주는 한마디로 '나대는' 아이였다. 겉

모습이든, 태도든, 말투든 어느 것 하나 자연스러운 게 없었다. 아이라인을 짙게 그리고, 써클 렌즈를 끼고, 매니큐어를 칠하고, 짧은 치마를 입고……. 말투는 누가 들어도 건방지고 당돌했다. 그런 연주를 교사도 아이들도 미워했다.

나도 처음에는 연주에게 큰 관심을 두지 않았다. 마음 일기를 쓰라고 했을 때는, 아, 귀찮아요, 됐어요, 하는 반응을 보였다. 딱히 가정환경에 문제가 있는 것 같지는 않았다. 경제적으로는 부유한 편이었다. 가뜩이나 힘든 처지에 있는 아이들이 많은데, 굳이 너까지 왜 이러니, 하는 생각을 절로 불러일으키는 아이였다.

문제는 연주가 순정이가 하는 짓을 따라한다는 거였다. 순정이가 교실을 박차고 나가는 날이면 연주도 꼭 따라서 학교 밖으로 나가 버렸다. 아이들은 그런 연주를 두고 이렇게 투덜거렸다.

"진짜 유치한 초등학생 같은 계집애예요. 순정이는 우리도 인정하거든요. 근데 연주 걔는 아무것도 아닌 게 그냥 튀고 싶은 거죠. 세 보이고 싶은 거예요. 그런다고 자기가 순정이처럼 보이는 것도 아닌데 말이죠. 사실, 연주 때문에 순정이가 더 힘들고 곤란할 걸요?"

어느 날, 연주가 나를 찾아와 야간 자율학습 시간에 남지 않겠다고 했다. 아무 이유도 없었다. 그냥 싫다는 게 이유라면 이유일 뿐. 그렇다고 마냥 좋을 대로 하라고 할 수는 없었다. 어떤 아이에게는 동쪽 길을 허락하는 게 그 아이를 위해서 좋지만, 어떤 아이는 서쪽 길로 안내하는 게 더 타당할 수 있다. 그것이 교육 현장의 다양성이다. 나는 하는 수 없이 연주 어머니에게 전화를 걸었다.

수화기 너머에서 들려오는 연주 어머니의 목소리에는 반감이 묻어 있었다. 그동안 연주가 교사들에게 미움을 받은 탓에 걸핏하면 학교에 불려오고, 반갑지 않은 전화를 받는 일이 잦아지면서 생긴 반감인 것 같았다. 결국 어머니와의 상담에서도 뾰족한 방법을 찾지 못했다.

그 사이에도 마음 일기 쓰기는 계속했다. 연주의 일기는 성의 없고, 내용 없는 한 줄 정도가 고작이었다. 생각과 마음을 잘 구분해서 쓰라고 누누이 알려주었지만 건성이었다. 그나마 안 쓰겠다고 버티지 않아서 다행이라 여기며 나는 꼬박꼬박 댓글을 달아주었다. 연주가 제 마음을 잘 들여다보고 차분히 삶을 꾸려가기를 진심으로 바라면서.

한 학기가 다 지나가도록 연주는 마음을 잡지 못했다. 그때까지만 해도 나는 연주가 그저 초등학생처럼 어리고 제 감정을 주체 못해서 속만 썩이는 아이라고 생각했다. 그렇게라도 눈에 띄게 굴어서 관심을 끌려는 속내를 가진 줄 알았다. 목적이 '관심'이라면 어쨌거나 연주는 성공을 거둔 셈이었다. 순정이는 한사코 도망치려 했지만 내가 쫓아다니는 경우였다면, 연주는 반대로 제 쪽에서 내 눈길을 붙잡는 행동을 쉬지 않고 해대는 걸로 관심을 붙잡아두었으니 말이다.

속내가 어떻든 연주를 방치할 수 없어서 나는 1학기가 끝날 무렵 불러서 대화를 시도했다. 그런데 이런저런 얘기를 해도 도무지 귀

담아듣는 기색이 없었다. 나는 짐짓 엄포를 놓을 요량으로 말했다.

"너 자꾸 이러면 엄마 부른다!"

그렇게 얘기하면 대다수 아이들은 한풀 꺾이기 마련이다. 그런데 연주는 아니었다.

"마음대로 해요."

"장난 아니야. 정말로 부를 거야."

"불러요."

그쯤 되니 이젠 안 부를 수도 없게 되었다. 처음에는 그럴 생각이 전혀 없었지만 하는 수 없이 연주 어머니에게 전화를 했다. 이상한 건 연주 어머니의 태도였다. 예상 밖으로 순순히 나를 찾아 온 것이다. 몇 달 전에 통화할 때 전해지던 반감은 사라지고 없었다.

"어머니께서도 일을 하신다고 들었습니다. 연주랑 여유 있게 얘기할 시간이 별로 없겠네요. 근데 제 생각에는 연주가 어머니한테 관심과 사랑을 받고 싶어 하는 것 같아요. 자기 마음을 엄마가 좀 알아주었으면, 하는 거죠."

"제가 연주랑 사이가 그다지 좋은 편은 아니죠……."

연주 어머니는 고개를 끄덕이며 말했다. 그리고 뜻밖의 이야기를 꺼냈다.

"사실은 제가 선생님이랑 우리 연주가 같이 쓰는 일기장을 몰래 봤어요. 우리 연주가 원래 선생님들이랑 친하지도 않고 그런 앤데……, 선생님이 연주를 진심으로 생각해주신다는 걸 알았어요. 실은, 연주가 이렇게 마음을 연 사람은 선생님이 처음이에요."

순간 나는 내 두 귀를 의심했다. 연주가 '마음을 열었다'는 대목 때문이었다. 그동안 연주를 겪으면서 한 번도 느껴보지 못했는데, 연주 어머니의 태도나 말투로 보아 의례적으로 하는 치사는 아닌 것 같았다. 한편으로는 여전히 의심스러웠다. 연주의 마음 일기 내용은 처음이나 나중이나 크게 달라진 게 없는데 도대체 언제부터 마음을 열기 시작했다는 걸까?

그 뒤, 다시 상담할 기회가 왔을 때 연주는 처음으로 제 얘기를 꺼냈다.

"나 노래 좋아하는 거 알아요? 그냥 좋아하는 게 아니고 되게 좋아해요. 힙합 실력도 꽤 된다니까요."

"힙합까지? 네가 말을 안 하는데 내가 그걸 어떻게 아냐?"

"난 진짜 힙합 가수 되고 싶어요. 이래 뵈도 이쪽 언니들이랑 같이 클럽 같은 데서 공연도 한 몸이에요, 내가."

"너희 엄마 아빠도 아시니?"

"뭐…… 엄마는 어렴풋이……?"

그 얘기를 듣고 나니 비로소 연주의 행동을 이해할 것 같았다. 덕지덕지 해대는 화장, 짧디 짧은 교복 치마, 수업 시간에 노골적으로 엎드려 자는 행위……. 연주는 소리소리 지르며 노래하고, 열정적으로 춤추는 삶을 꿈꾸는 아이였던 것이다. 그런 아이에게 학교란 얼마나 답답한 공간이었을까?

학교라는 울타리가 답답한 아이가 어디 연주뿐일까. 어쩌면 대다수의 아이들이 얼마만큼은 제 하고 싶은 일을 희생하며 학교생활을 견디고 있을 것이다. 그러니 연주의 속마음을 알았다고 해서 무조건 편들고 싶은 생각은 없었다. 다만, 연주의 답답증을 이해하게 되었다는 게 소득이라면 소득이었다.

그 뒤로 나는 웬만하면 자율학습 시간만큼은 연주가 빠지도록 해주고 싶었다. 정규 수업 시간을 학교에서 견디는 것만으로도 버거울 것 같아서였다. 그래서 연주 어머니에게 전화를 해서 상의했다.

"연주가 자율학습 시간을 숨막혀 하네요. 너무 힘들어합니다. 그 시간만큼은 좀 빼주면 어떨까요? 차라리 연주가 원하는 걸 하나 들어주고, 그다음에 어머니께서 원하시는 걸 하자고 해보는 게 어떨까 싶습니다. 그 시간에 연주가 좋아하는 음악을 하도록 허락하시는 건 어려울까요? 지금 상태로 연주한테 학교는 별 의미가 없어 보입니다."

"글쎄요. 생각은 해보겠지만……, 연주 밑으로 동생들도 있고, 음악 한다는 애를 밀어줄 만큼 우리 집 형편이 좋지는 않거든요. 무엇보다 제가 보기에 그다지 소질이 있어 보이지 않아서요……."

어머니의 반응이 회의적이어서 나는 다시 연주를 불러 타일러 보았다.

"연주야, 네 마음을 알 것 같다. 학교가 지옥 같지? 아침부터 밤까지 붙잡혀 있어야 하는데 지옥 같기만 하지? 그래서 잠만 자는 거지? 그래, 네가 참 답답하겠다."

내 말에 연주는 말없이 눈물만 뚝뚝 떨어뜨렸다. 나는 연주 손을 잡고 간곡하게 얘기했다.

"근데 엄마는 네가 음악보다는 공부에 신경써 주기를 바라시더라. 너, 다른 건 몰라도 언어 능력은 있잖아. 이렇게 하면 어떻겠니. 힙합 가사를 쓰는 거야. 열심히 가사를 써서 엄마한테 보여드리고 그다음에 타협해보는 거지."

연주는 그저 눈물만 흘리고 있었다. 내 마음도 착잡하기 그지없었다.

다행히 연주 어머니는 한발 양보해 주었다. 기말 시험을 치르고 나서 보충수업을 안 들어도 좋다고 해준 것이다. 덕분에 연주는 고2 여름방학을 신나게 놀며 보낼 수 있었다. 나는 방학이 끝나고 2학기가 되면 연주가 좀 달라지지 않을까, 은근히 기대했다. 그런데 아니었다. 2학기 때도 연주는 여전히 속 썩이는 아이였다. 걸핏하면 학교에서 도망치고, 수업 시간에 엎드려 자고, 외모는 미친 아이 같고……. 나는 다시 연주 어머니에게 전화를 걸어서 무슨 일이 있었는지 물었다.

"실은……, 애가 하도 하고 싶다고 해서 음악 학원에 데리고 갔었어요. 근데 학원에서 비관적으로 얘기하더라고요. 소질이 없다는 소리죠. 그래서 음악이니 뭐니 그만두고 유아교육과나 가라고 했어요. 연주가 동생들은 잘 돌보거든요."

한숨이 저절로 새어나왔다. 연주가 하는 짓을 보면 한심했지만, 이번에도 그럴 수밖에 없는 심정이 이해되어 나오는 한숨이었다. 아마 연주는 누구보다 자기 자신한테 실망이 클 터였다. 깊은 실망감 때문에 좌절했을 거였다. 나는 한동안 그런 연주를 지켜보았다. 지켜보다가 잠깐씩 말을 붙였다.

"연주야, 네가 원하는 게 뭐니? 다 괜찮으니까 얘기해봐."

나대기 좋아하고 까불까불하고 말 많던 연주는 대답 없이 그저 울기만 했다.

"네가 정말 음악을 하고 싶다면 언제든지 할 수 있어. 근데 지금 은 부모님한테 돈 받아서 학교에 다니고 있잖아. 부모님 도움을 받 는 처지라면 부모님이 하자는 대로 하는 게 맞는 거야. 그러니까 우선은 공부에 신경 쓰자. 그리고 나중에 네가 경제적으로 독립한 뒤에 너 하고 싶은 음악 실컷 하는 거야."

"……."

연주는 이번에도 말이 없었다. 그리고 의욕 없는 얼굴로 학교를 오갔다. 그나마 마음 일기는 접지 않았다. 내용이라고는 누구를 만 나고, 어디를 갔고, 무엇을 먹었다는 등, 마음과는 별 관련 없는 것 들이 대부분이었지만 말이다. 그것만으로도 대견했다. 나는 그저 연주를 지켜보기만 했다.

그렇게 2학기가 지나갔고 연주와 헤어질 시기가 다가왔다. 연주 는 고3이 되고 나는 이듬해에 2학년을 맡을 예정이었다. 그러니 그 아이와 내가 자주 얼굴을 마주할 일은 이제 없었다. 담임을 했던 아이들과 헤어지는 건 늘 아쉽지만 연주는 특히 더했다. 아니, 아쉬 운 게 아니라 안타까웠다. 어떻게든 가까이서 지켜봐주고 싶은 아 이였기 때문이다.

헤어지는 날, 나는 연주를 불러서 짐짓 밝은 목소리로 말했다.

"어휴, 이 꼴통! 널 어떡하냐? 딴 애들은 몰라도 넌 내가 데리고 가야 하는데 그럴 수가 없다. 내년에 2학년을 맡을 거거든."

연주 눈에 눈물이 글썽글썽 차오르고 있었다. 나는 연주를 꼭 끌어안으며 말했다.

"어이구, 내가 너만 보면 속상해 죽겠다."

연주는 어깨를 들썩이며 울기만 했다. 그러더니 기어이 나를 뿌리치고 달아나버렸다.

겨울방학이 지나고 반 배정이 시작되었다. 나는 피치 못할 사정으로 3학년을 맡게 되었다. 3학년을 맡기로 하면서 가장 먼저 떠오른 얼굴이 연주였다. 나는 자청해서 연주를 맡겠다고 했다.

강당에서 담임 발표가 있던 날, 내가 다시 저를 맡게 된 사실을 알고 연주가 한걸음에 달려왔다. 그리고 밝은 얼굴로 소리쳤다.

"뭐야, 짜증나 담탱이! 안 맡는대메?"

그 전에도 공손한 말투와는 거리가 먼 아이였지만 이제는 아예 반말을 내뱉고 있었다. 나는 빙그레 웃음이 나왔다. 그 말투 속에 반가움이 고스란히 담겨 있었기 때문이다. 나도 질세라 한마디 해주었다.

"너 이년, 나 아니면 어디 갈 데도 없잖아! 넌 내가 찍어서 맡은 거야."

때로는 아이의 수준에 맞추는 게 마음의 거리를 좁히는 작용을 하기도 한다. 정중한 아이에게는 정중하게, 발랄한 아이에게는 발랄하게, 연주처럼 대책 없는 아이에게는 대책 없게……. 아무튼 그 날부터 연주는 졸업할 때까지 내게 반말을 하다시피 했고, 나는 차마 선생의 입에서 나오는 말이라고 할 수 없는 비속어를 섞어가며 맞대응했다. 오로지 연주의 수준에 맞게.

3학년이 된 연주는 2학년 때와는 판이하게 달랐다.

"담임님, 나 이제 마음 고쳐먹었어."

학기 초에 연주가 한 말이다.

"어떻게 고쳐먹었는데?"

"뭐, 학교에서 안 나가고 안 튀면 되잖아!"

"그래 이것아, 그러기만 해도 된다. 근데 너 자꾸 반말할 거야?"

"알았어. 안 그럴게."

"나랑 둘이 있을 때만 편하게 얘기해. 다른 사람 있을 때는 조심하고."

"알았어."

"나랑 약속 하나 하자. 학교 밖에서는 찢어진 반바지를 입든 폭탄 맞은 머리를 하든 괜찮아. 하지만 학교 안에서는 찍히지 마라. 나는 네가 다른 선생님한테 이상한 애라고 욕먹는 게 정말 싫다. 그러니까 네 변명 하게 하지 마. 할 수 있겠냐?"

"그러지 뭐."

연주는 정말로 약속을 지켰다. 학교에서 도망치지도 않고 눈에 거슬리는 행동도 하지 않았다. 딱 한 번 나한테 통보하고 나간 날은 있었다.

"담임님, 오늘은 나 공식적으로 튈게. 그래야겠어."

"튀고 싶으면 튀어. 하지만 벌은 달게 받아야겠지? 그건 알고 나가라. 아무튼 이렇게 얘기해주는 건 고맙다. 그래서 마음은 안 상하지만 벌은 줄 거야."

몇 시간 뒤 연주에게서 문자 메시지가 왔다.

'담임님, 용서해주세요.'

나는 이렇게 답 메시지를 보냈다.

"네가 결국 튀었구나. 내일 보자. 오늘은 재밌게 놀아. 그리고 내일부터 일주일 동안 청소해.'

그 뒤로 연주는 단 한 번도 약속을 어기지 않았다. 여전히 화장을 하고 다니고 공부에는 관심이 없었지만. 나는 한편으로는 대견하면서도 한편으로는 안타까웠다. 다들 대학을 바라고 공부에 매달리는 3학년 때 그저 꼬박꼬박 학교에 나오는 것으로 의무를 다하는 것처럼 보이는 연주의 희망 없는 나날들이 안쓰러웠다.

"연주야, 공부 좀 해보면 안 될까? 너 언어는 되잖아. 대학은 내가 어디든 넣어줄게."

"가기는 내가 어딜 가요? 대학은 무슨."

연주의 마음 일기는 달라진 게 없었다. 누구와 놀고, 무엇을 먹고……. 그렇지만 나는 이제 짐작하고 있었다. 연주의 마음 일기가 가지는 의미는 내용에 있는 게 아니었다. 연주는 마음 일기에 달리는 내 댓글로 이미 소통을 시작하고 있었던 것이다. 시시한 내용에 짧은 댓글일지라도 지속적으로 대화가 이어지고 있다는 사실 자체에 연주는 믿음을 갖기 시작한 거였다. 어쩌면 연주는 나보다 더 마음 일기를 절실하게 붙잡고 있었는지도 모른다.

'이렇게 한심한 내용도 괜찮을까? 이번에도 대답을 해줄까……?'

그런 짐작을 하고부터 나는 의문을 지웠다. 연주가 나한테 마음을 열었다는 시기가 궁금했던 내 의문을. 마음 일기를 쓰는 과정 자체가 연주에게는 제 마음을 깊이 들여다보는 길로 들어서는 첫 관문이었던 것이다.

연주는 얌전히 지냈지만 학교 밖에서는 아니었다. 수업만 끝나면 미친 듯이 돌아다니고, 심지어 술까지 마시고 전화하는 날도 있었다.

"담임님 뭐해? 지금 당장 와."

"이런 못된 것, 어딜 오라 가라 해!"

그렇게 여름 방학이 다가오고 있었다. 1학기 성적 마감을 하고 보니 연주는 우리 반에서 꼴찌, 전교에서는 뒷자리를 맴도는 수준이었다. 나는 다시 연주를 불러서 타일러 보았다.

"너, 적성 백 프로로 뽑는 학교도 있다. 네가 언어 성적은 나오니까 적성 준비만 한번 해보자. 내신이나 수능은 전혀 필요 없다니까. 내가 전문대라도 보내줄 테니까 해보는 거야, 어때?"

"그럼…… 무슨 책을 봐야 되는데?"

그나마도 처음으로 보이는 긍정적인 반응이었다.

연주가 적성 책이 닳도록 공부한다는 소문이 들려왔다. 어쩌다 만난 아이들에게 연주 소식을 물어보면 이렇게 대답했다.

"걔 장난 아니에요. 적성 책 한 권만 죽도록 본대요. 밤에 잠도 안 잔대요."

방학이 끝나고 얼마 지나지 않아 연주는 적성 시험을 치렀다. 그리고 이내 대입 원서를 쓰는 시기가 됐다. 나는 연주를 불러서 말했다.

"일단 적성 시험 보는 데는 다 넣어보자. 취업 잘 되는 과, 무슨 과, 아무튼 다 넣어봐. 수능 성적은 안 되니까 무조건 안전하게, 적성으로 뽑는 데로만."

나는 호흡을 가다듬고 연주 얼굴을 보며 진심으로 말했다.

"연주야, 나는 네가 한 번이라도 네가 노력한 대가로 성취감을 맛봤으면 좋겠다."

"저도 그래요."

오랜만에 듣는 존댓말이었다.

연주는 우리 반에서 적성 시험으로 대학에 붙은 유일한 아이가 되었다. 그것도 내신 2등급이 가는 학교에. 그 학교는 연주에게 서울대나 다름없는 곳이었다. 그렇게 연주는 인생에서 첫 성취감을 맛보았다.

나도 연주를 통해 처음으로 느낀 성취감이 있었다. 기다리고 기다린 과정이 안겨준 성취감이었다. 마음 일기를 매개로 아이의 눈높이를 헤아리고, 그 눈높이에 맞춰 소통한 끝에 얻은 결과치고는 기적 같은 선물이었다.

(연주와의 경험을 바탕으로 마음공부를 함께하는 교사 동료와 의견을 나누

다가 '학습 코칭'에 대한 실마리를 얻게 되었다. 마음 일기를 활용하면 1차적으로는 아이들이 제 마음을 스스로 치유하는 힘을 얻게 된다. 마음의 중심을 단단히 잡으면 집중력이 높아지고, 집중력은 고스란히 학습 능력으로 이어지게 된다는 사실을 수진이와 연주를 통해 확신하게 되었다. 나는 아이들이 마음이 건강하기를 바라는 것만큼이나 공부도 잘하기를 진심으로 바란다. 왜냐하면 공부를 잘하는 아이든 못하는 아이든 모든 아이가 공부를 잘하고 싶어 하기 때문이다. 다만 마음대로 되지 않아서 체념하는 것처럼 보일 뿐, 학생은 누구나 공부 잘하는 사람이 되기를 바란다는 걸 확실히 알고 있다. 이제 곧 교실 현장에서 실험해볼 '학습 코칭' 과정이 벌써부터 기대된다.)

연주가 졸업하기 전, 나는 결혼식을 올렸다. 결혼식이 끝나고 보니 제자들이 남긴 영상이 있었다. 연주의 모습도 들어 있었다. 연주는 다른 학교로 전학한 순정이와 나란히 서서 메시지를 남겨 놓았다.

"선생님, 저희가 선생님 속 되게 썩인 아이들이죠? 행복하게 사시구요, 늙지 마시구요, 살 좀 빼시구요…….."

시종일관 존댓말이었다. 그리고 화장기 없는 수수한 민낯에 긴 교복 치마 차림이었다. 그건 연주가 나에게 보여줄 수 있는 최고의 예우이자 의리였다.

아이들이 가장 듣고 싶어 하는 말

어느 날 신문 기사 하나가 내 눈길을 잡아끌었다. 교과부와 청소년 폭력예방재단, 현대해상이 실시한 '아주 사소한 고백'이라는 프로그램이었다. '아주 사소한 고백'은 청소년을 대상으로 한 일종의 비밀 고백 엽서라고 한다. 엽서에 적힌 '내가 ~에게 가장 듣고(하고) 싶은 말은 ~다'라는 문장의 빈칸을 채우는 형식이다. 수백 명에 이르는 청소년이 엽서에 하고 싶은 말을 적어 보냈는데 가장 많은 고백을 간추려 보니 다음과 같았다.

'내가 사람들에게 가장 듣고 싶은 말은 괜찮아, 잘했어.'

'내가 엄마에게 가장 듣고 싶은 말은 시험 못 봐도 괜찮다.'

'내가 나에게 가장 하고 싶은 말은 기죽지 마이다.'

또 어떤 학생은 이렇게 말했다고 한다.

'좋은 일에도 칭찬 한마디 없이 부정적인 말만 하는 아빠에게, 아

빠는 널 사랑하고 있단다, 라는 말을 듣고 싶다. 아빠가 표현에 서툴다는 건 알지만, 그래도 듣고 싶다.'

이런 고백도 있었다.

'길바닥의 들풀마저도 소중하다. 그 꽃이 어떤 도움이 돼서가 아니라 그냥 내가 그 꽃을 보았기 때문이다. 힘겹게 길바닥에 서 있는 나를, 누군가도 소중히 여겨줬으면 좋겠다.'

괜찮아, 잘하고 있어, 사랑한다, 넌 소중해…….

아이들이 가장 듣고 싶은 말은 그렇게 요약된다. 그리 거창하지도, 어렵지도 않은 말을 듣지 못해 허기진 아이들의 얼굴이 눈앞에 그려지는 듯해서 가슴이 싸하게 아팠다. 그러다가 문득 알아차렸다. 아이들의 고백이 무척 귀에 익은 내용이라는 걸 말이다.

그랬다. 그건 한때 내가 몹시 듣고 싶어 한 말이었다. 괜찮아, 잘했어. 어느 날 그런 지지와 격려를 받은 뒤부터 나는 얼마나 활기찬 교사로 변했나? 언제부터 내가 나 스스로를 따뜻한 시선으로 바라보고, 나도 꽤 가치 있는 인간이라는 자신감을 가지기 시작했나? 그리고 언제부터 어느 누구 아닌 내가 나 자신을 사랑할 줄 알게 되었나?

아이들의 간절한 아우성 속에서 나는 그렇게 내 마음을 돌이키고 있었다. 그리고 또 다른 사람들의 모습을 떠올렸다. 아이들이나 나처럼 똑같이 그런 말을 듣고 싶어 하는 사람들. 한 번도 그런 마음을 고백할 기회를 갖지 못했던 사람들. 너무 오랫동안 듣지 못하고 살아서 이제는 그런 소망이 있는지조차 알아차리지 못할 만큼 무감각해져 버린 사람들. 어느 날 갑자기 그런 소리와 맞닥뜨리면 반가움보다 놀람이 앞서 하던 얘기를 멈추고 끝내는 눈시울부터 붉히는 사람들. 어른들.

　2012년, 나는 경기도 교육청에서 실시하는 NTTP 연구년 공모에 선발되어 1년 동안 학교 현장을 떠나 연구하는 시간을 갖게 되었다. 그 기간에 '마음'을 주제로 강연할 기회가 여러 차례 있었다. 마음 일기를 소재로 출간된 소설 《열여덟 너의 존재감》을 바탕으로 한 강연이었다.

　처음에는 강연의 대상이 주로 청소년이었다. 그런데 우연히 교사 연수 프로그램에서 교사 대상으로 강연을 하게 되면서 범위가 차츰 넓어졌다. 교단에서 어린 학생들을 가르치던 나로서는 내 또래 혹은 나보다 윗세대를 대상으로 강연을 하게 될 줄은 꿈에도 생각해보지 못한 일이었다.

　무엇보다 나는 이른바 '어른'들과 소통할 자신이 없었다. 아니, 솔직히 말하자면 오랫동안 그이들에 대한 불신을 갖고 있었다. 나이 많은 사람들이란 변화나 새로운 시도와는 거리가 먼 고집불통이기 십상이라는 편견이 나를 사로잡고 있었기 때문이다. (지혜로운 연륜에 저절로 고개를 숙이게 만드는 극. 소. 수. 의 인자한 인생 선배들을 제외하고.^^) 나도 한 해 한 해 나이를 먹고 있지만 적어도 나는 고리타분한 어른 세대에 합류하지 않을 거라는 근거 없는 자신감으로 무장한 터였다.

그러던 어느 날, 대형 서점에서 주최하는 강연을 맡게 되었다. 집을 나서는데 비가 몹시 퍼부었다. 날씨가 안 좋아서 청중이 그리 많지 않을 것 같았다. 그건 크게 개의치 않았다. 어차피 청소년들이 대다수일 텐데, 숫자가 적으면 더 오붓하고 깊이 있게 얘기를 나눌 수 있을 테니 차라리 잘된 일인지도 몰랐다.

그런데 내 예상은 보기 좋게 빗나갔다. 막상 강연장에 들어서고 보니 내가 기대했던 청소년은 거의 눈에 띄지 않았다. 대신 중년 남성과 여성이 많았고, 한 자리에는 연로한 할머니까지 앉아 있는 게 아닌가. 다들 무심한 표정으로 나를 보고 있었다. 우연히 서점에 들렀다가 잠시 쉬어 가려고 의자가 있는 강연장으로 들어온 사람들이 더 많은 것 같았다. 때마침 강연이 있다고 하니 심심풀이 삼아 들어보자는 표정으로 앉아 있는 사람도 더러 있었다.

순간 갑자기 숨이 막히고 식은땀이 흘렀다. 몸을 뒤로 한껏 젖힌 채 무심한 얼굴로 나를 쳐다보는 '어른들' 앞에 서고 보니 마치 내가 조금이라도 잘못하면 호된 야단을 맞을 것만 같아서 잔뜩 주눅이 들었다. 당장이라도 그 자리를 벗어나고 싶었다.

그렇지만 도망칠 자리가 아니었다. 나는 호흡을 가다듬으며 그 순간의 내 마음에 집중하려고 애를 썼다. 내가 지금 잘하려는 생각에 사로잡혀 있구나, 떨리는구나……, 잘하려는 생각을 내려놓자, 아이들 앞에서 하듯이 차분하게 해보자…….

나는 긴장으로 팽팽해진 신경을 느슨하게 풀어내려 애쓰며 강연을 시작했다. 아이들 앞에서 하는 것처럼 마음의 작용에 대해, 그리고 스스로 자신의 마음을 알아차리는 게 어떤 힘을 지니는지 내 경험을 들어가며 설명했다.

시간이 갈수록 나를 두렵게 만들던 청중의 자세가 변하고 있었다. 한껏 뒤로 젖혔던 몸이 앞으로 당겨지고 나를 보는 눈빛이 점점 달라졌다. 어른의 눈빛이 아니라 무구한 어린아이의 눈빛이었다. 그 가운데서도 유독 내 눈길을 끄는 중년 남성이 있었다. 그이는 아예 가지런히 모은 무릎 위에 두 손을 얹은 채로 내 말에 한껏 귀를 기울이고 있었다. 내가 다음과 같은 말을 할 때 그이의 집중도는 최고조에 달하는 것 같았다.

"마침 여기 남자 어른들이 계시네요. 제가 한마디 여쭙겠습니다. 온종일 직장에서 일하고 집에 들어가실 때 어떤 마음이세요? 현관 앞에 설 때 편안하십니까? 안락한 내 집에 돌아왔다는 느긋함이 생기나요? 아니면 직장이라는 전장에서 나와 또다시 분투해야 할 새로운 공간 앞에 섰다는 긴장감이 드나요? 그래서 집에 들어가기 전에 혹시 심호흡 한 번 크게 하시지는 않나요?"

내 물음에 입을 열지는 않았지만 대다수의 중년 남성들은 표정으로 대답을 대신하고 있었다. 이제는 그이들이 고리타분한 중년 아저씨가 아니라 세상에서 가장 순하고 말 잘 듣는 모범생들처럼 보였다. 나는 그 모범생들을 향해 진심을 담아 당부했다.

"많이 힘드시죠? 낮에도 밤에도, 직장에서도 가정에서도 늘 책임감을 갖고 살아가느라 애 많이 쓰시죠? 애쓰느라 정작 자신이 힘들다는 사실조차 모르실 거예요. 그럴 때 누군가 힘드시겠다고, 애 많이 쓰신다고 격려해주면 살맛이 나고 행복해집니다. 내 마음을 있는 그대로 인정하고 받아주기만 해도 단단히 맺힌 응어리가 풀립니다. 그런데 현실은 다릅니다. 나를 격려하고 지지해주는 사람보다, 나에게 그걸 바라는 사람들이 더 많으니까요. 그런데 방법이 있습니다. 내 마음을 꼭 다른 사람이 알아주지 않아도 됩니다. 나 자신이 알아주면 되거든요. 그러면 굳이 다른 사람이 알아주지 않는다고 서운해할 일도 없습니다. 내 마음을 알아주는 방법은 간단합니다. 일 끝내고 집에 들어가실 때 심호흡하는 대신 이렇게 해보세요. 그날 하루 있었던 일 때문에 마음을 다쳤다면 그 마음을 돌이켜보고 있는 그대로 알아주는 겁니다. 혹시 직장에서 창피한 일이 있었다면 이렇게 해보세요. 가볍게 가슴을 쓸어주면서, '어휴, 그래 네가 쪽팔렸구나, 여러 사람 앞에서 쪽팔려서 힘들었구나, 아, 그랬구나……' 마음은 그렇게 알아주기만 해도 풀어집니다. 화난 마음도, 슬픈 마음도 알아주면 쌓이지 않습니다. 그리고 알아주면 상처가 되지 않고 그냥 지나갑니다……"

강연이 끝났다. 다행히 도중에 자리를 뜬 사람은 거의 없었다. 주섬주섬 자리를 정리하고 있는데 처음부터 눈에 띄던 할머니가 다가와서 말했다.

"혼자 듣기 아까운 얘기였어요. 우리 손자한테도 들려주고 싶고, 다음에 기회 있으면 영감이랑 같이 와야겠어요."

나는 진심으로 고마웠다. '마음'을 주제로 한 강연이 강사와 청중의 마음을 이어주었다는 걸 확인한 것 같아서였다. 그리고 이번에는 모범생 같던 중년 남성이 나를 찾아왔다.

"고맙습니다. 우연히 들은 강연인데 위로가 많이 됐습니다. 청소년도 좋지만 우리 같은 중년들을 위해서도 이런 강연이 많았으면 좋겠어요."

그이의 뒷모습을 눈으로 배웅하는데 까닭 없이 뭉클한 감정이 차올랐다. 동시에 미안함도. 어쩌면 나는 저와 같은 사람들을 크게 오해하고 있었는지도 모른다는 생각 때문이었다.

거기서 끝이 아니었다. 그로부터 얼마 뒤 이번에는 교사를 대상으로 하는 연수 프로그램에서 강연을 하게 되었다. 강연장에 들어서며 나는 또다시 심호흡을 해야 했다. 그 자리에 참석한 선배 교사, 특히 남자 교사들 때문이었다. 한눈에도 쉰 살이 훌쩍 넘은 듯이 보이는 선배들 앞에서 강연할 생각을 하니 머릿속이 하얗게 변하는 것 같았다. 그이들에 비하면 나는 경력도 일천하고 나이도 한참 어렸다. 나는 또다시 마음을 다독인 다음 강연을 시작했다.

그 강연에서 나는 십여 년 만에 처음으로 현종이 얘기를 꺼냈다. 내게 욕설을 내뱉었던 아이. 교사로서의 자존심에 치명상을 입고 몹시 힘들고 괴로웠지만 행여 밖으로 드러날까 두려워 스스로 꽁꽁 숨겨버린 이야기. 마음공부를 하고 한참이 지난 뒤에야 어리고 미숙했던 그때의 내 마음을 인정하고 받아들인 과정, 다른 누구 아닌 나 스스로 내 상처를 치유할 수 있었던 힘에 대해서 나는 털어놓았다.

"동료로서 선생님들 앞에서 솔직히 말씀드리자면 지금도 현종이를 떠올리면 도망치고 싶은 마음이 듭니다. 뭔지 모르게 억울하고 변명하고 싶은 마음이 올라와서 울컥하기도 합니다. 그때 저는 미숙했지만 애는 썼다고 스스로 위로하고 싶을 때도 있습니다. 그런데 애쓴 것보다 교사가 어떻게 미숙할 수 있느냐는 비난을 받을까 봐 걱정이 앞섰던 것도 같아요. 하지만 기억조차 하기 싫어서 머릿속에서 지워버렸던 이야기를 이렇게 다시 꺼내서 그때 제 마음과 현재의 제 마음을 담담히 들여다볼 수 있다는 자체가 저한테는 치유의 과정입니다."

강연이 끝나고 50대 남자 교사가 내 곁으로 다가왔다. 학교에서 부장 직책을 맡고 있다고 했다. 그이가 몹시 부끄러운 표정을 지으며 낮은 목소리로 고백했다.

"장 선생님 강연 듣고 나도 내 상처를 봤어요. 실은 나도 아이에게 욕설을 들은 적이 있습니다."

더 자세한 얘기를 듣지 않아도 나는 그 선생님 가슴에 깊이 맺힌 상처를 알 수 있을 것 같았다. 나는 짐짓 아무 일도 아니라는 듯 농담을 섞어서 물었다.

"선생님은 그 욕 뭘로 드셨나요? 숫자로 드셨나요, 아니면 동물로 드셨나요? 저는 숫자였는데……."

내 말에 피식, 웃으며 그이가 대답했다.

"나도 숫자로…… 들었습니다."

입은 웃고 있지만 눈가엔 촉촉한 물기가 배어 있었다. 나는 가만히 웃어주었다. 그렇게 입 밖으로 해묵은 상처를 꺼내놓는 것만으로도 이미 치유가 시작되었음을 애써 믿어보면서 말이다.

또 다른 50대 교사를 만난 곳도 교사 연수 프로그램에서였다. 그이는 내가 강연을 하는 도중에 이미 눈물을 흘리고 있었다. 강의가 끝나고 마음 나누기를 할 때 그이가 들려준 이야기를 듣고 그 자리에 있던 모든 사람이 그만 숙연해지고 말았다.

"십여 년 전만 해도 저는 명문대 많이 보내기로 이름난 사람이었습니다. 정말 열심히 했고 열심히 한 만큼 제가 맡은 아이들은 좋은 대학에 들어갔죠. 그때까지만 해도 승승장구하는 줄 알았습니다. 그런데 믿었던 승진에서 탈락하고부터 급격히 내리막길을 걷기 시작했습니다. 그 사이에 나이는 들었고 예전의 명성은 사라졌죠. 스스로 생각해도 초라하기만 했습니다. 그렇게 되고 보니 어디 한 군데 발붙일 곳이 없었습니다. 제 아이들은 명문대 근처에도 보내지 못했고, 아내는 그런 저를 원망하더군요. 나이 오십이 넘은 지금은 식구들과 대화도 통하지 않습니다. 젊었을 때 다른 아이들에게 매달리느라 우리 아이들에게 소홀했던 게 문제였죠. 아내도, 아이들도 저와는 대화를 하려고 하지 않네요. 정말 아무리 생각해도 제가 살아온 인생이 너무 허망하고 헛헛해서 괴롭던 참에, 오늘 강연을 듣다 보니 눈물이 났습니다. 이제라도 제 마음 잘 살피면서, 저와 비슷한 사람들을 도울 방법이 있다면 함께하고 싶습니다."

그 자리에 있던 교사들 모두 한동안 말을 잇지 않았다. 나도 마음이 아팠다. 그이가 느낄 허망함과 헛헛함이 고스란히 전해져 왔다.

강연을 듣고 눈물을 보인 선생님은 둘 다 남자였다. 학교에서는 선생님이지만 밖에서 만난다면 누구나 '아저씨'라고 부를 사람들이었다. 서점 강연장에서 만난 분과, 두 선생님들을 본 뒤로 나는 '아저씨'들을 새로운 눈으로 보게 되었다. 조금은 뻔뻔하고, 무디고, 어떤 면에서는 막무가내여서 도무지 매력이라고는 없는 사람들이라고 한때는 철석같이 믿었던 사람들이 그 아저씨들이었다. 그런데 그건 내 오해였다는 생각이 들었다.

세상 사람들이 공통적으로 갖고 있는 고리타분한 '아저씨' 이미지 속에는 내가 미처 헤아리지 못했던 상처가 그렇게들 도사리고 있었다. 아무도 모르게 받은 상처를, 언젠가의 나처럼 마음속 깊이 숨기고 숨기다가 끝내는 표현도 표정도 굳은살처럼 무디고 딱딱해져 버린 사람들. 그렇지만 그 굳은살은 생각만큼 단단한 게 아니었다. 단 한 번의 마음 돌봄만으로도 새순처럼 단박에 얼굴을 내미는 여린 상처였던 것이다.

특히 같은 교사로서 경력 많은 교사들의 눈물을 본다는 건 몹시 아픈 일이었다. 그이들은 "나 하나도 감당하기 어려운 마당에……"라고 내가 이야기를 시작하는 순간부터 눈물을 글썽였다. 일상에서는 그이들이 절대로 입 밖에 내지 못할 말일 터였다.

그이들과 교감하면서 돌아보니 아이들만 아픈 게 아니었다. 교사도 아팠다. 아픈 교사가 아픈 아이들을 돌보는 현장이 바로 현재의 학교다. 교사들끼리 자조적으로 하는 얘기가 있다. 성직자도 아닌데 성직자 수준의 도덕성과 능력을 요구받는 게 교사라고. 그렇지만 사실을 알고 보면 교사는 어떤 직종보다 감정 소모가 많은 감정

노동자들이다. 세상의 높은 기대치와 현실 사이의 괴리감 때문에, 기대치를 충족시키지 못할 때마다 따르는 매서운 비난 때문에 더욱 더 상처가 깊어지는 감정 노동자들.

"나 하나도 감당하기 어려운 현실에서……"라는 말에 눈물을 왈칵 쏟는 교사들, 아니 어른들의 마음은 무엇일까. 그리 거창하지 않을 거라고 나는 생각한다. 다만 나 하나도 감당하기 어려운 상황을 이해받고 싶은 마음일 것이다. 온통 해야 할 일과 돌봐야 할 사람들에 에워싸여 있는 처지이다 보니 '나'를 돌볼 틈이 없는 것이다. 그러다 보니 머릿속은 복잡하고 매사가 버겁기만 한 것은 아닌지, 타인의 아픔을 공감할 여유를 찾기 힘든 건 아닌지. 그이들은 모두 잠깐이라도 멈추고 자신의 마음이 어떤지 차분하게 점검해볼 겨를을 갖지 못한 채 살아온 것이다.

그런 생각이 들자 신규 시절 근무했던 서해안의 학교와 그곳에서 만난 선배 교사들이 떠올랐다. 아무도 내 편이 없다고 여겼던 그때, 지금 돌아보니 자잘한 애정으로 내 주변을 맴돈 선배들이 있었다. 내가 그토록 미워하고 대들었던 수많은 선배 교사들은 나를 어떻게 기억하고 있을까. 그때 그이들과 하지 못했던 이야기를 이제야 강연장에서 다른 선배들과 나누고 있다는 생각이 든다. 선배 교사들의 눈물을 보면서 그때 만난 선배들에게 비로소 죄송하고 미안한 마음이 생긴다. 그리고 그이들의 마음을 이제야 가만히 되짚어본다.

'여유가 없기는 그때 그분들도 마찬가지였겠구나. 학교라는 울타리 안에서 그분들 또한 각자의 상처를 버텨내느라 애를 많이 썼겠다. 아직 사리분간도 잘 못하는 새파란 후배가 원칙을 조목조목 들이대며 대들 때는 참 당황하고 곤혹스러웠겠다. 상처는 나만 받은게 아니라 나 때문에 그분들도 상처를 입었겠다. 그 와중에도 큰소리로 나를 야단치는 사람이 없었으니 지금 생각하면 얼마나 큰 행운이었나……'

내가 만난 학부모들도 다시금 떠올려본다. 나를 만나러 올 때마다 자식을 변호하겠다는 굳은 의지를 방패처럼 앞세우던 사람들. 그러나 '아무개가 어머니를 많이 걱정합니다. 어머니도 힘드시겠네요.'라는 말 한마디에 여지없이 눈물을 쏟으며 무너지던 사람들. 순정이 어머니, 진우 어머니……. 그리고 어릴 때 엄마한테 많이 서운했다고 투정하는 내게 '그런 일이 있었니? 엄마는 하나도 생각이안 난다. 그때는 하루하루 너희들 키우면서 사는 게 힘들고 바빠서…….' 라고 했던 내 어머니까지.

그랬다. 아이들만 아픈 게 아니었다. 교사도 아프고 학부모도 아프고, 어쩌면 이 땅의 모든 어른들이 아픈 거였다. 교사나 부모나 자신의 상태를 돌볼 틈도 없이 무언가를 책임져야 한다는 막중한 중압감에 내몰려 있었다. 그런데도 아이들이 문제를 일으키면 부모는 죄인이 되고, 학교에서 문제가 발생하면 교사가 공공의 적이 되는 상황. '나 하나도 감당 못하는 상황'에서도 안간힘을 쓰며 버텨온 어른들. 이른바 교육의 3주체인 학생, 교사, 학부모가 모두 아픈 시대. 그것이 요즘 내 눈에 들어온 정말 가슴 아픈 현실이다.

괜찮아, 잘하고 있어, 사랑한다, 넌 소중해…….

아이들이 가장 듣고 싶다는 말이다. 마음을 방치당한 채 수십 년을 살아온 어른들이 애타게 듣고 싶은 말도 그것이다. 그런데도 자신의 마음, 아이의 마음을 모르고 그저 아이들을 닦달하는 방법밖에 모르는 게 대다수의 학부모, 교사가 아닐까?

날이 갈수록 나는 더욱 또렷하게 확신한다. 아픈 아이들을 끝내 죽음으로 몰아가는 건 학업 스트레스나 학교 폭력이 아니라는 걸 말이다. 지지와 격려, 그리고 공감이 함께한다면 학업의 중요성을 천 번 만 번 강조해도 아이들은 죽지 않을 것이다. 또한 학교에서 폭력은 점차 자취를 감출 것이다.

아이들뿐만 아니라 학부모, 교사, 이 땅의 어른들이 마음의 힘을 키우기를 그래서 나는 바란다. 그 전에 오래 상처받은 그이들을 먼저 보듬는 게 아이들의 아픔을 치유하는 첫걸음이라는 믿음을 가져본다. 그 길에 내가 조금이나마 힘을 보탤 수 있기를, 기꺼운 마음으로 내 숙제로 삼는다.

멋진 선생이 되고 싶다는 욕심을
내려놓고 나니

교사로서 첫발을 내디딘 시절, 나는 내 앞에 펼쳐지는 모든 상황
이 받아들이기 힘들고 부당해 보였다. 그러다가 끝내는 마음을 걸
어 잠근 채 다른 교사들과의 사적인 만남을 거부했다. 학교만 벗어
나면 교사로서의 내 정체성을 부인했다. 누가 직업을 묻기라도 하
면 거리낌 없이 이렇게 대답했다.

"장사하는 사람입니다."

그때 나는 교사로 보이는 게 부끄러웠다. 아이들을 사랑한다고
했지만, 실은 아이들에게 사랑받고 싶고, 아이들에게 내 존재감
을 확인받고 싶어서 전전긍긍했다. 아이들이 내가 바라는 방향으

로 가야 한다고 믿었고, 나를 존경하기를 바랐으며 내 말대로 따라
주는 게 나에 대한 의리를 보여주는 것이라고 여겼다. 그래서 열에
아홉이 나를 좋아해도 하나만 어긋나면 괴로움에 빠졌다. 그렇게
나는 내 몸과 마음에 상처를 만들어갔다.

그때 내 마음은 얼음장처럼 차갑고 돌처럼 딱딱했다. 나를 향하
는 모든 시선을 삐딱하게만 바라보았다. 사람들이 모두 나를 비난
한다고 생각했다. 상대는 나를 비난할 의도가 전혀 없는데도 나는
스스로 비난받는다고 믿으며 방어막을 쳤다. 그 방어막은 흔히 비
아냥거림으로 나타났다.

'자기가 나에 대해서 뭘 안다고…….'

심지어는 칭찬 앞에서도 몸을 도사렸다. 사람들이 서로서로 칭찬
해주는 모습을 인정하지 않았다.

'저건 칭찬이 아니라 가식이야.'

그렇게 얼어붙은 내 마음이 쩡, 소리를 내며 갈라진 계기는 어이
없게도 내가 가식이라고 치부했던 칭찬 한마디였다.

당신 참 잘한다, 어쩌면 그렇게 잘해? 장 선생은 나이가 어린데
도 참 어른스럽다…….

그 말을 듣고 집으로 돌아오는 길, 내 생각 속의 입은 쉴 새 없이
떠들고 있었다.

'자기가 뭘 안다고…….. 대체 나한테 원하는 게 뭐야?'

그런데 이상했다. 마음이 자꾸만 흥분됐다. 이튿날 학교에 가서
는 그 선생님 얼굴을 똑바로 쳐다보기 힘들었다. 그러면서도 그 선

생님 주위를 맴돌며 더 잘하려고 애쓰는 내가 보였다. 마치, 내 주변을 맴돌던 말썽꾸러기 아이들처럼 말이다.

한 번 녹기 시작한 내 마음 안에는 생각했던 것보다 따뜻한 기운이 훨씬 더 많이 자리 잡고 있었다. 스스로 인정하고 받아들이자 내 안에 숨어 있던 따뜻함이 비로소 바깥으로 퍼져나갈 엄두를 내기 시작했다.

그렇게 마음이라는 것에 눈을 뜨고, 마음공부를 시작한 지 7년이 흘러갔다. 지금도 나는 좌충우돌하고 미숙하기 짝이 없는 교사다. 그런 나를 확인할 때마다 썩 기분이 좋지는 않다. 그렇지만 적어도 이제 그런 나를 미워하지는 않게 되었다. 있는 그대로의 내 수준을 받아들이고 이해하게 되었다. 나를 이해하면 할수록 그동안 바깥으로 돌렸던 원망과 미움의 화살촉이 무뎌지고 그만큼 괴로움도 줄어들었다.

이제 나는 내 직업을 숨기지 않는다. 누군가 나를 질책하거나 비난하면 여전히 기분이 나쁘지만 비난하지는 않는다. 대신 내 언행에 대해 곰곰이 되짚어보려고 한다. 또 누군가 나를 칭찬해도 비아냥거리지 않는다. 대신, 고맙습니다, 하고 기꺼이 받아들인다.

무엇보다 나는 이제 허기진 마음으로 아이들의 사랑을 갈구하지 않는다. 내 존재감을 심어주려고, 의리를 보장받으려고 안달하지 않는다. 아이들에게 내가 줄 수 있는 게 딱 하나 있다면 그것은 교훈이 아니라 공감이라는 사실을 날마다 새롭게 배워가고 있다.

나는 이제 아이들의 인생을 책임지겠다는 식의 거창한 목표를 내려놓았다. 아이들 뇌리에 오랫동안 남는 선생이 되고 싶다는 욕구도 내려놓았다. 내가 맡은 이상 적어도 1년 동안은 완벽한 학급으로 꾸려가겠다는 욕심도 내려놓았다. 대신 날마다 소망 하나를 품고 출근한다.

아이들이 학교에서 오늘 하루만 즐겁게 지내기를, 즐거울 수 없다면 오늘 하루만 잘 버텨주기를.

나는 이제야 알아가고 있다. 힘들다고 아우성쳤던 예전에도, 지금 이 순간에도 내 곁에 있는 수많은 분들의 도움이 없었다면 단 한순간도 버티지 못했을 거라는 사실을.

그 고마움을 부디 잊지 않고 잘 쓰이는 사람이 되기를 나는 또 소망한다.

부끄러운 글을 마무리 지으며 특별히 감사를 드리고 싶은 얼굴들이 떠오른다.

내가 나를 돌아볼 수 있는 힘이 없을 때, 무조건 내 편이 되어 준 쇠니온니, 덕분에 잘 버텼습니다.

사납고 딱딱한 마음을 송두리째 흔들어주신 인호샘과 초록칠판 식구들, 행복했습니다.

그리고 여전히 좌충우돌하는 내게 소중한 경험을 기꺼이 나누어주어 시행착오를 줄여준 교사모임의 샘들과 MD님, 그리고 스승님 고맙습니다.

무엇보다 힘든 세월을 잘 버틸 수 있도록 좋은 기질과 따뜻함을 물려주신 부모님, 사나운 나를 따뜻하게 보듬어주는 재호 씨를 사랑합니다.

　나는 지금의 내가 참 좋습니다.

마음 일기, 이렇게 시작해보세요

마음 일기를 써보고 싶으신가요? 헌데 막상 쓰려고 하니 막막하시죠? 마음 일기는 어떻게 쓰면 좋을까요?

일기와 마음 일기의 차이

일기 써보셨죠?

일기는 그날 하루 있었던 일이나 자신의 생각 등을 적습니다.

마음 일기도 비슷해요. 그날 있었던 일이나 생각 등을 적는 것은 똑같아요. 하지만 여기에 하나 더 추가되는 부분이 있어요. 바로 자신의 마음 상태도 같이 적는 거예요.

'에이~~ 그게 뭐야!' 대답이 너무 단순하다 보니 별거 아니라는 느낌이 드시나요? 하지만 두고 보세요. 시간이 지나고 나면 마음을 적느냐 안 적느냐가 엄청난 차이가 되거든요.

자! 그럼 질문 하나 할까요?

오늘 하루 있었던 일 중에 기억에 남는 일이 뭔가요? 특별히 큰일이 아니더라도 아무거나 떠올려보세요.

어떤 일이 떠오르셨나요? 그럼 일기로 써볼까요?

다음은 한 학생이 쓴 일기입니다.

2013년 3월 27일

오늘은 아침부터 하루 종일 정신이 없다.

아침에 늦잠 자는 바람에 학교에도 늦었다.

넥타이가 없어서 교문에서 지도하던 선생님한테 걸렸다.

다짜고짜 이름을 적으셨다. 기분이 나빴다.

교실에 올라가자 지각을 했다고 담임선생님이 뭐라고 하신다.

겨우 5분 늦었는데 20분이 넘게 교실 밖에 서 있었다.

아~~ 씨….

하루 종일 잠이 왔다. 수업시간에 잠잔다고 계속 혼났다.

아침에 이름 적힌 것 때문에 남아서 청소까지 했다.

너무 피곤해서 집에 와서 침대에 잠깐 누웠는데 엄마가 잔소리를

하신다. 아~ 어쩌라는 거냐.

온종일 되는 일이 없다. 내일이 안 왔으면 좋겠다.

이런 일기를 쓰게 된 날.

일기를 썼으니 맘이 풀려 잠이 푹~ 올까요? 글쎄요. 어쩜 일기를 쓰면서 더 화가 날지도 몰라요. 하루 일을 떠올리며 일기를 쓰다 보니 내일이 오지 않았으면 좋겠다 싶을 정도로 화가 나는군요.

이럴 때 마음을 중심으로 일기를 써보는 거예요.

하루 일과를 적되 상황에 대한 긴 설명보다는 마음 표현을 중심으로 일기를 쓰는 겁니다.

2013년 3월 27일

오늘 나는 하루 종일 정말 짜증나고 힘들었다.

아침에 늦잠을 자는 바람에 하루 종일 일이 꼬이는 느낌이었다.

선생님께도 계속 혼나고 집에 와서 엄마 잔소리까지 들으니

정말 힘들고 괴로웠다.

정말, 내일이 오지 말았으면 좋겠다 싶을 정도로 많이 지치고

힘든 하루였다.

두 일기의 차이점이 작게라도 느껴지시나요?

첫 번째 일기를 읽다 보면 와~ 정말 꼬인 하루를 살았구나, 이런 정도의 느낌입니다. 아직도 그 하루의 짜증과 혼란이 계속되고 있지요.

두 번째 일기는 어떤가요? 첫 번째 일기와 마찬가지로 여러모로 꼬인 상황에 대한 짜증스러움이 느껴지긴 하지만 좀 차이가 느껴지지 않나요?

아직 잘 모르겠다고요? 조금 더 설명해볼게요.

두 번째 일기는 똑같이 하루를 적되 하루를 살고 난 나의 느낌, 즉 마음을 먼저 적은 것입니다. 첫 번째 일기와 가장 다른 점은 일기의 내용이 짧아진다는 거지요. 사건과 사고를 중심으로 이야기하다 보면 설명이 길어지게 됩니다. 그러나 아무리 길게 설명한다 해도 짜증났던 내 마음은 쉽게 해소가 되지 않습니다. 오히려 더 짜증이 나거나 생각이 꼬리를 물고 일어나게 됩니다.

이때 마음에 초점을 맞춰 마음을 표현하다 보면 길게 설명해야 할 것 같은 일이 사소해지거나, 지나간 일처럼 느껴지기도 한다는 겁니다.

오늘 있었던 일이 일기를 쓰는 순간에 이미 과거처럼 느껴졌다면 마음 일기 1단계는 크~게 성공한 셈이지요.

> **'내일이 오지 않았으면 좋겠다'** Vs
> **'내일이 오지 않았으면 좋겠다 싶을 정도로 많이 지치고 힘든 하루였다'**

괴롭던 그 상황 속에 여전히 빠져 있을 것이냐 아니면 그 일을 과거의 일로 만들 것이냐. 이것이 마음 일기가 가진 강력한 힘입니다.

이제 마음 일기가 주는 큰 선물을 받을 마음이 생기셨나요?

마음과 생각의 차이

왜 이처럼 사소한 표현이 큰 차이를 만드는 걸까요?

우리는 하루 동안 정말 많은 상황 속에서 복잡한 생각을 하며 살아갑니다. 어떤 날은 잠이 안 올 정도로 깊은 생각에 빠져들기도 하고, 머릿속이 너무 복잡해서 두통이 올 때도 있지요.

이럴 때 우리는 '머릿속이 정리가 안 된다'라고 하지요. 이렇게 복잡한 순간에 머릿속이 잘 정리되면 정말 생각이 정돈이 될까요?

생각이라는 것은 정리하려고 하면 할수록 더 복잡해지는 경우가 많지요. 그렇다면 생각을 복잡하게 만드는 원인이 뭘까요?

마음은 굴뚝같은데 몸이 말을 안 듣는다.

이런 경험 많이 해보셨지요? 참 이상합니다. 분명히 나는 '해야 되겠다'고 마음을 먹었는데 왜 행동으로 연결이 안 될까요? 그야말로 마음이 굴뚝같은데 말이지요.

여기서 우리가 구분하고 가야 할 것이 있습니다.

바로 마음과 생각.

우리는 흔히 마음과 생각을 혼동하며 살아갑니다.

우리는 '마음이 굴뚝같다 = ~ 하겠다는 마음이 강하다.' 라고 해석하지요.

하지만 잘 살펴보면 '~하겠다'라는 것은 마음이 아닌 의지의 표현입니다. 즉, 마음이 아니라 생각이라는 말이지요.

하나 더 살펴볼까요?

학생들이 흔히 멘붕에 빠지는 경험을 가장 많이 하는 때가 시험기간이지요. 시험기간이 닥치면 누구나 열심히 공부하고 싶어합니다. 그때 학생들의 마음 일기를 보면 이런 내용이 많습니다.

그때 내 마음은 열심히 하자! 였습니다.

내용을 읽어보면 실제로 열심히 하지 않았다거나 노력은 했지만 공부가 잘되지 않고 종일 멍~~했다는 얘기가 가득합니다.

226

여기서 '열심히 하자'는 마음일까요, 생각일까요?

마음을 쓴다는 것이 무심결에 '하겠다'는 의지를 써놓고 만 것이지요. 그리고는 아! 내 마음은 열심~~히 하겠다고 했는데 왜 몸이 말을 안 듣냐? 이렇게 생각하며 답답해합니다.

공부를 열심히 해야겠다는 의지는 있지만 실제로 몸을 움직일 수 없도록 만드는 것이 바로 마음입니다. 머리로 아무리 '하자 하자'를 다짐한다고 해도 정말 '공부하고 싶은 마음'이 있는지, 우선 그것을 살펴봐야 했던 것이지요.

사실 시험기간만 아니라면 하고 싶은 일이 정말 많겠지요. 하다못해 잠이라도 푹 자고 싶고, 그간 못 봤던 TV 예능 프로그램이라도 보고 싶겠지요. 그런데 시험기간이라고 억지로 공부를 하려니 당연히 집중이 안 되고 책만 보려고 하면 잠이 폭풍같이 몰아치는 거 아닐까요?

여기서 중요한 것은 열심히 하자! 라고 다짐을 하지만 열심히 못하고 있는, 실은 열심히 하고 싶지 않은 내 마음을 적어보는 것입니다.

혹시 놀고 싶다거나 쉬고 싶은 욕구가 더 강하지 않았나요? 이런 욕구 밑에는 귀찮고, 지친다는 내 마음이 있지 않을까요?

아니면 노력한 대로 좋은 결과를 얻지 못했던 경험이 있어서 '열심히 해봤자 소용없어'라며 미리 포기하고 싶은 마음이 있거나, 원하는 결과가 나오지 않을까 봐 걱정되는 마음이 자리 잡고 있는 것은 아닐까요?

이런 복잡한 마음들이 얽혀 있는 상태를 모르는 채로 무작정 '열심히 하자!'라고 한다면 웬만한 의지를 가지고는 공부가 잘될 리가 없지요. 그저 책상에 고통스럽게 앉아 있게 될 뿐입니다. 그래서 우선 지금 이 순간의 내 마음, 혹은 그때 그 순간의 내 마음을 알아줘야 합니다.

그럼 일기를 한번 바꿔볼까요.

> ### 그때 내 마음은 지쳤습니다.

> ### 그때 내 마음은 포기해버리고 싶었습니다.

그때 진짜 내 마음이 어땠을까, 다시 돌아봐지지 않나요?

그렇다고 공부를 하겠다는 내 의지가 거짓말이라는 건 아니에요. 다만, 지치거나 포기해버리고 싶은 내 마음이 의지보다 더 크게 작용한 것이지요.

마음은 생각보다 강합니다. 생각은 머릿속에서 끝나는 경우가 많지만 마음은 우리의 몸을 움직이게 할 때가 많기 때문입니다. 그래서 '마음은 행동의 에너지원'이라고 하기도 하지요.

때문에 생각이 복잡해지거나 의지대로 일이 되지 않을 때는 잠깐 멈추고 '내 마음 상태'를 살펴봐줘야 합니다.

마음의 속성

지치고 포기하고 싶던 진짜 내 마음과 마주했습니다. 그런데 불안하지요. 나는 영영 의지대로 행동할 수 없는 걸까요?

아니요, 그렇지 않습니다. 마음을 잘 살피다 보면 진짜 마음을 들여다

228

볼 여유가 생기게 됩니다.

이렇게까지 공부하기 싫고, 지치고, 짜증이 남에도 불구하고 내가 왜 공부를 하려고 하는 걸까요? 아마 공부를 함으로써 얻어지는 다양한 혜택이나 성취감이 있기 때문이 아닐까요?

사람은 누구나 성취하고 싶고 사랑받고 싶은 욕구를 갖고 있습니다. 공부도 마찬가지입니다. 사람마다 다르겠지만 공부를 열심히 하는 이유에는 부모님의 칭찬, 기대에 대한 부응, 목표로 한 대학에 입학할 수 있다는 기대감, 사람들 사이에서 우월감을 느낀다거나 뭔가 해냈다는 뿌듯한 성취감, 이런 것이 있겠지요. 이런 것도 모두 소중한 내 마음입니다.

이런 소중한 마음이 내 마음의 중심에 오게 된다면 아주 큰 노력이나 힘을 쓰지 않아도 내가 원하는 바를 할 수 있게 됩니다.

이렇게 소중하고 가치 있는 마음이 표면적인 마음(귀찮고 힘들다)에 가려져 잘 보이지 않을 수 있습니다. 그래서 지금 내 마음이 어떤지를 알아차리는 것이 가장 먼저 해야 할 일이 되는 것이지요.

마음은 다음과 같은 속성을 가지고 있습니다.

- 마음은 억누를 수 없는 것.
- 생각으로 조절되지 않는 것.
- 이성으로 제압할 수 없는 것.

이런 마음의 속성만 잘 알아도 고민하는 시간을 반으로 줄일 수 있지 않을까요.

마음의 안전장치

의지가 강한 사람들 중에는 마음을 이기고 사는 경우가 있습니다. 하지만 생각으로 마음을 이기고 산 사람들은 원하는 바를 성취한 후에도 여전히 허전하거나 지친 상태가 계속되는 경우를 종종 볼 수 있습니다.

소중한 것을 이루고 싶은 마음도 내 마음이지만 귀찮고 짜증나는 마음도 내 마음입니다. 그런데 사람들은 흔히 부정적인 마음을 모르는 척하고 싶어 하지요. 가치 있고 긍정적인 마음만 내 마음으로 인정하고 싶어 합니다.

그렇게 부정당한 마음은 일이 성취된 순간에, 아니면 나중에라도 다른 문제에 부딪히게 될 때 반드시 더 강하게 튀어나오게 됩니다. 이것을 우리는 '폭발한다'고 얘기합니다.

그래서 많이 참는 사람이 한번 화를 내면 엄청나게 크게 터지잖아요. 그렇게 되면 그간 참고 살아왔던 노력이 한순간에 물거품이 되는 것 같은 느낌을 받기도 합니다.

예를 들어볼까요?

2013년 3월 28일

오늘 아침 집을 나서는데 엄마가 잔소리를 했다. 잠을 너무 많이 자는 거 아니냐고. 잘 거 다 자고 공부는 언제 할 거냐고. 뭐냐. 아침부터… 기분이 좋지 않은데 친구가 자꾸 장난을 쳤다. 하지 말라고 했는데도 왜 그러냐며 눈치도 없이 계속 장난을 쳤다.

하지 말라고!! 버럭 화를 냈다. 순간 그 친구의 표정이 싸늘해지면서 확 가버렸다. 하루 종일 친구의 눈치가 보였다. 짜증난다.
지가 잘못했는데 내가 왜 눈치를 보는지…

정말 난감한 상황입니다. 이런 상황을 가리켜 '꼬인다'고 하지요.

일기에 등장하는 사람은 엄마와 친구입니다. 나는 오늘 엄마와 친구와 감정상으로 엉켜버린 하루를 보냈습니다. 특히 친구와는 며칠간 불편한 상태로 지내야 할 처지가 되었네요.

이럴 때 우리는 후회나 자책을 하게 되지요. '에이, 그때 그냥 참을 걸' 하고 말이죠. 또 상대를 원망하게 되지요. '걔는 싫다는데 왜 자꾸 건드리고 난리야. 내가 화를 안 내게 생겼어?' 이런 생각을 하면 화가 더 나기 시작합니다. 사과하기는 물론 싫죠. 게다가 며칠 동안 친구와 말도 않고 계속 눈치를 보며 불편한 상황을 견뎌야 합니다. 이런 상황은 사람을 참 많이 지치게 하지요.

이럴 때 잠깐 멈춰 서서 마음을 살펴보면 의외로 일이 쉽게 풀리기도 합니다.

나는 분명히 친구에게 화를 냈고 친구도 내 반응에 못마땅해하며 돌아섰습니다. 표면적으로 보면 오늘 나에게 일어난 주된 사건은 친구와의 다툼입니다.

하지만 잘 살펴보면 친구와 다투기 전에 엄마와 작은 사건이 있었지요. 친구의 장난은 어제 오늘 일이 아닐 겁니다. 하지만 오늘 유난히 친구의 장난이 짜증났던 건 그 전에 엄마의 잔소리를 듣고 해결되지 않은 감정이 남아 있었기 때문이죠.

아침에 잠을 많이 잔다는 엄마의 타박을 듣고 나니 기분이 좋지 않았을 겁니다. 화가 난다기보다는 내가 얼마나 피곤한지 이해해주지 못하는 엄마의 태도가 서운하지 않았을까요?

그 살펴지지 않은 마음이 그대로 남은 상태라면 학교에 가는 내내 그간 엄마에게 서운했던 일이며 내가 잠을 많이 잘 수밖에 없는 이유가 떠올라 머릿속이 복잡해졌을 겁니다. 이때 내 상황을 알 턱이 없는 친구가 장난을 쳤고 거기에 평소보다 격한 반응이 나온 겁니다.

누구의 잘못이라기보다는 순간순간 일어나는 사건 속에서 내 마음이 그대로 쌓이고 방치되면서 왜곡과 오해가 생기고 의도하지 않았던 불편한 상황이 자꾸만 생겨납니다.

만약 내가 엄마에게 느꼈던 서운한 감정을 알아차렸거나 친구에게 하소연이라도 했다면 친구와 얼굴 붉히는 일이 생기지 않았을 확률이 높겠지요. 혹여 친구에게 짜증을 냈더라도 명백한 내 마음 상태에서 기인한 사건임을 안다면 사과할 마음도 생겼을 테고요.

마음을 알아준다, 알아차린다는 것은 이처럼 일상생활에서 일어나는 다양한 사건에서 빗나간 자신의 표현을 바로잡아 주기도 하고, 자책하는 순간을 줄여주기도 합니다.

마음은 생각을 이길 정도로 힘이 세지만, 다행히 안전장치가 있습니다. 그때 내 마음 상태를 알아차려 주기만 해도 괴롭던 마음이 거의 해결됩니다. 그 시간이 지나면 그때 내 마음은 그 사건과 함께 흘려보내 버릴 수 있지요. 지우려고 애쓸 필요도 없이 말이죠.

마음은 이런 안전장치를 가지고 있습니다.

• 어떤 마음도 지나간다.
• 마음을 잘 알아주면 그 순간의 괴로움은 사라진다.

공연히 지나간 일에 매달려 오랫동안 불편하고 불안해하며 지낼 필요가 없습니다. 그러고 보니 마음은 참 '마음'이 약한 것 같습니다. ^^

알아차리기 연습

우리는 마음에 대한 중요한 특징을 알게 되었습니다. 그렇지만 아직 가야 할 길이 남았네요.

지금까지 생각과 마음을 혼동하며 살았고, 부정적인 마음은 숨기거나 외면하고 살아온지라 그 습관이 하루아침에 고쳐지지는 않을 겁니다.

우리는 종종 해답을 알고 있지만 습관의 지배를 받고 있습니다. 그래서 연습이 필요하지요.

마음 일기는 그간 마음을 대하던 내 습관을 바꿔나가는 훌륭한 연습 장입니다.

마음이 일어나는 순간에 알아차리면 좋겠지만 늘 바쁘게 살면서 세세한 마음의 변화를 일일이 다 알아차리기가 쉽지가 않지요. 그래서 마음 일기를 통해 우리는 마음 알아차리기 연습을 해야 합니다.

마음 일기는 나 자신의 마음을 잘 이해하고 안아주고 위로하는 것을 목적으로 하고 있습니다. 작성하는 방법도 간단합니다.

알아차리기 → 지켜보기 → 돌아보기

　사건 속에서 생겨난 내 마음을 알아차리고 그것을 밖으로 표현하고 온전히 자기 마음 상태로 인정하고 받아들이는 과정입니다.

　이 과정은 일상생활 속에서 끊임없이 생각에 시달리지 않도록 도와주고, 왜곡된 마음 표현으로 인한 오해를 줄여줍니다.

　습관이 잘 되어 있다면 그냥 일기를 쓰듯 줄줄 써나가면 좋겠지만 아직 우리는 연습이 필요한 상태이므로 단계를 만들어 하나하나 따라가며 연습해 보겠습니다.

마음 일기 쓰기

　마음 일기장은 다음과 같이 생겼습니다. 복잡한가요?

　가벼운 마음으로 시작해보려고 했는데 어쩐지 기가 팍 죽는 느낌이 들 수도 있습니다.

　하지만 이건 연습이니까 잘하려고 애쓸 필요도, 정답을 찾으려고 노력할 필요도 없습니다.

　일단 부담 없이 작성해 보겠습니다.

(　　)월 (　　)일 (　　)요일

내 마음 기상도 (☀ ☁ 🌧 ⛈)

마음 관전 Point : _____

그때 내 마음은 _____ 니다.

왜냐하면(구체적으로 - 언제, 어디서, 무엇을, 어떻게, 왜)

때문에

잠시 눈을 감고 그때 내 마음을 있는 그대로 지켜봅니다.
그리고 3번 정도 내 마음 상태를 소리 내어 말해 봅니다.

"아! 그때 내 마음이 _____ 구나."

내 마음을 살펴보니 지금 마음은 어떻습니까?
(마음의 상태가 달라졌거나 새롭게 알게 된 점이 있나요? 혹은 그대로인가요?)

지금 내 마음은 _____ 니다.

왜냐하면

1단계: 하루를 지배한 내 마음을 찾아라

마음 관전 Point : _____

그때 내 마음은 _____ 니다.

왜냐하면(구체적으로 - 언제, 어디서, 무엇을, 어떻게, 왜)

때문에

마음 일기가 일기와 가장 크게 다른 점은 일기의 주인공이 사건이 아닌 마음이라는 점입니다. 마음 일기에 정답은 없습니다. 그렇기 때문에 어떤 순간 어떤 마음도, 중요하지 않은 상황이라도 일단 그냥 적어보는 겁니다.

지난 시간의 한 시점으로 돌아가 그때 마음 상태를 떠올려보세요.

그때의 마음을 정확하게 적어야 한다고 부담을 가질 필요는 없습니다. 하루에도 몇 십, 몇 백 가지 마음이 오고 갑니다. 그냥 그중에 하나를 적으면 됩니다. 강하게 떠오르는 마음이 있다면 그것을 적으면 됩니다.

상황이나 사건이 떠오르더라도 일단 마음부터 적어봅니다.

그때 내 마음은 우울했습니다.

일단 마음 상태를 쓴 후에는 그 마음이 일어났던 상황을 적어봅니다. 길지 않게, 그러나 구체적으로. 사실 상황을 적는 일은 크게 중요한 일은 아닙니다. 하지만 내 마음이 일어나게 된 상황을 적다 보면 그때의 내 마음 상태가 더욱 확연하게 다가오는 것을 느낄 수 있습니다. 그러다 보면 마음을 표현했던 단어가 맘에 들지 않을 수도 있지요. 더 정확한 단어가 떠오른다면 바꿔도 됩니다.

여기서 잠깐 확인하고 가야 할 것이 있습니다.

마음을 표현해 놓은 단어를 다시 한 번 보세요. 혹시 마음을 쓴다고 썼는데 다시 보니 단순한 욕구나 생각을 적어 넣지 않으셨나요?

> 졸렸습니다, 배가 고팠습니다, 자제하기로 했습니다.
> 잘해보기로 했습니다, 노력했습니다, 죽는 줄 알았습니다, 참고
> 견디기로 했습니다, 긍정적으로 보기로 했습니다, 깨달으려 했습니다,
> 집에 가고 싶었습니다, 최고였습니다 등등

이렇게 단순한 욕구나 의지, 생각이 쓰여 있다면 표현을 바꾸면 됩니다.

그때 그런 욕구가 생겼다면 어떤 느낌이었을까, 그때 그런 생각을 했다면 어떤 마음이었을까, 하고 자신에게 다시 물어봅니다. 그렇게 해서 더욱 분명한 감정을 찾아 쓰면 됩니다.

마음을 표현한 단어가 너무 추상적이거나 애매한 표현은 아닌지 다시 한 번 확인해봅시다. 예를 들면

> **미쳐버리는 줄 알았습니다. → 미칠 만큼 마음 상태가 <u>~ 하다</u>**

미칠 만큼 힘들었는지, 불안했는지, 좋았는지, 마음 상태를 적어야 합니다.

아직 마음 상태를 표현하는 일이 익숙하지 않은 사람들은 이런 표현을 자주 사용합니다.

237

멍했습니다, 그저 그랬습니다, 꽉 찼습니다, 욱했습니다, 철렁했습니다, 오그라들었습니다, 죽어버리고 싶었습니다, 이게 뭐야!였습니다, 폭발 직전이었습니다, 터질 것 같았습니다, 최악이었습니다 등등

뭔지 모르게 복잡하거나 감정 상태가 매우 불안정할 경우 위와 같은 표현을 많이 사용합니다. 특히 '멍하다'는 표현은 가장 많이 사용되는 단어입니다.

'멍하다'에 대해 구체적으로 어떤 상태냐고 물어보면 그냥 아무 생각도 마음도 없었다고 합니다. 헌데 이야기를 계속하다 보면 실제로는 너무 많은 생각을 하는 경우가 많습니다. 뭔가 고민이 있어서 그 생각을 하다가 생각 속으로 그만 빠져버리는 것이지요. 마치 사람이 많은 시장에 가면 처음에는 시끄러운 것 같지만 이내 왁자한 소리에 둔감해지는 것처럼 말이지요.

한번 돌아보세요. 여러 가지 고민거리가 머릿속을 꽉 채운 어느 날, 밤에 자려고 누웠을 때 내가 하루 종일 뭘 했는지, 무슨 생각을 했는지 기억조차 나지 않는 경험을 해보셨을 겁니다.

정말로 아무 생각이 없는 사람도 있을 수 있겠지만, 마음을 표현해야 하는 순간 내 마음이 어땠는지 기억이 나지 않는 경우 우리는 자주 '멍~했다'라고 쓰지 않나요?

이 경우에는 더욱 차분하고 세심하게 마음을 살펴주어야 합니다. 그렇다고 억지로 꾸미거나 과장할 필요는 없고요. 정히 마음 상태가 떠오르지 않는다면 그때 그 상황에 대한 기억이 쾌(즐겁고, 가볍고)한 쪽이었

는지 불쾌(짜증나고 무겁고)한 상태였는지 하나를 선택해 적어도 좋습니다. 살피다 보면 섬세한 감정까지 볼 수 있거든요.

자, 이제 마음 상태를 적으셨다면 다음은 그 마음 상태가 된 상황을 적어주시면 됩니다. 뭐라고 적을지 막막하다면 6하 원칙(언제, 어디서, 누구와, 무엇을, 어떻게, 왜)에 맞춰 적어주세요. 너무 설명을 길게 할 필요는 없어요. 일기잖아요. 하지만 추상적으로 적지는 마세요. 추상적으로 적다 보면 설명이 더 필요한 것 같아 계속 길어지거든요. 무수한 순간 속에 사진을 찍듯 구체적인 그 장면을 적어야 합니다. 동영상이 아닌 사진!

2단계: 내 마음 느껴보기

마음 일기 두 번째 단계는 일기장에 적어 넣은 내 마음을 알아주는 과정입니다.

> 잠시 눈을 감고 그때 내 마음을 있는 그대로 지켜봅니다.
> 그리고 3번 정도 내 마음 상태를 소리 내어 말해 봅니다.
> "아! 그때 내 마음이 _____ 구나."

이 과정을 통해 우리는 스스로 마음을 알아차리고 지켜보고 이해하고 온전히 내 마음으로 받아들이는 경험을 하게 됩니다. 마음 일기를 쓰면서 가장 오글거리는 과정이 될지 모르겠지만 생략하지 말고 익숙해지도록 연습해보아요.^^

앞에서 우리는 어떤 사건에서 중심적으로 느낀 마음 상태를 적어보았습니다. 다음 칸에도 그 마음을 반복하여 적습니다. 마음만 따로 떼어서 말이죠.

> ### 아! 그때 내 마음은 우울했구나.

그리고 그때 그 마음을 있는 그대로 가만히 지켜봅니다. 이 과정에서는 **있는 그대로 지켜본다는 것이 핵심**입니다. 왜냐하면 우리는 종종 자신의 마음 상태를 바라볼 때 옳다, 그르다 혹은 좋다, 나쁘다의 잣대로 보는 경우가 많습니다. 특히 부정적인 마음 상태를 억지로 긍정적으로 바꾸려 하거나 자신의 가치 기준에 부합하는 것으로 대치하려는 경향이 작용하게 됩니다.

그런데 마음에 가치의 경중 또는 선악이 존재할까요? 그렇지 않습니다. 생각에는 좋고 나쁨이 존재할 수도 있겠지만 마음에는 좋고 나쁨이 있을 수 없습니다. 왜냐하면 마음이라는 건 그때 그 상황에서 내 의지와 상관없이 일어나는 느낌이기 때문입니다.

그 마음 상태가 단순한 짜증이나 우울함을 넘어 과격하고 파괴적인 성향을 갖고 있다고 해도 말이죠. 단지 내 마음 상태가 그러했을 뿐이라는 얘기니까요. 오히려 위험한 생각, 불안한 마음 상태를 방치하거나 모르는 척하면 실제 행동으로 옮겨질 가능성이 많아지게 됩니다. 왜냐면 마음은 부정하거나 억누르면 사라지지 않거든요.

그래서 우리는 단순히 마음 상태를 적는 것에 그치지 않고 마음을 지켜보고 알아봐주는 과정을 좀더 적극적으로 해보려고 합니다.

1. 마음 상태를 적는다.

2. 있는 그대로 가만히 지켜본다.

3. 소리 내어 말해본다.

자신의 마음 상태를 소리 내어 말해보는 일이 아직 어색하고 부끄러운가요? 하지만 내 입을 통해 나온 소리가 다시 내 귀에 들리면 그때 그 상황에서 내 마음이 더욱 분명하게 느껴질 수 있습니다. 이 과정을 통해 우리는 자신의 마음 상태를 다시 한 번 분명하게 들여다볼 수 있을 뿐만 아니라 그 마음 아래 자리 잡고 있는 또 다른 마음이나 진심을 느낄 수 있는 기회를 가질 수 있습니다.

자! 소리 내어 말해볼까요? 한 번으로는 부족합니다. 세 번 정도. 그때 그 상황에서의 내 마음을 느끼면서.

(한 번) 아~ 그때 내 마음이 우울했구나.

(두 번) 아~ 그때 내 마음이 우울했구나.

(세 번) 아~ 그때 내 마음이 우울했구나.

3단계: 지금 내 마음으로 돌아오기

내 마음을 살펴보니 지금 마음은 어떻습니까?
(마음의 상태가 달라졌거나 새롭게 알게 된 점이 있나요? 혹은 그대로인가요?)

지금 내 마음은 _____ ㅂ니다.

왜냐하면

이제 마음 일기의 핵심 과정은 거의 끝났습니다. 우리는 앞에서 내 마음을 알아차리고 드러내고 온전히 내 마음으로 느끼고 받아내는 과정을 거쳤습니다.

마음 일기의 세 번째 단계는 그 과정을 지나고 난 지금 내 마음과 생각을 적어보는 것입니다. 앞의 과정을 마치고 나서 지금 마음 상태가 어떤지를 살펴보며 그 변화를 느껴보는 겁니다.

바쁘게 살며 놓친 마음을 다시 집중해서 돌아보는 과정을 거치다 보면 미세한 변화가 감지되는 경우가 많습니다.

마음 일기를 쓰기 전과 후의 상태를 스스로 체크하다 보면 생각에 휩싸여 미처 돌아보지 못했던 또 다른 마음이 발견되기도 하고 외면하고 싶던 본심과 마주하기도 합니다.

앞에서 사용한 학생의 일기를 예로 들어보겠습니다.

2013년 3월 28일

오늘 아침 집을 나서는데 엄마가 잔소리를 했다. 잠을 너무 많이 자는 거 아니냐고. 잘 거 다 자고 공부는 언제 할 꺼냐고. 뭐냐. 아침부터…

기분이 좋지 않은데 친구가 자꾸 장난을 쳤다. 하지 말라고 했는데도 왜 그러냐며 눈치도 없이 계속 장난을 쳤다.

하지 말라고!! 버럭 화를 냈다. 순간 그 친구의 표정이 싸늘해지면서 확 가버렸다. 하루 종일 친구의 눈치가 보였다. 짜증난다.

지가 잘못했는데 내가 왜 눈치를 보는지…

그때 내 마음은 <u>짜증났습</u> 니다.

왜냐하면(구체적으로 - 언제, 어디서, 무엇을 어떻게, 왜)
아침부터 기분이 좋지 않은데 친구가 눈치도 없이 계속 장난을 쳤다.
그만하라고 말했는데도 계속 장난을 치니 나도 모르게 버럭 화를 냈다.
원인은 자기가 제공해 놓고 내가 큰소리 좀 쳤다고 하루 종일
모르는 척하는 친구의 행동이 너무 어이가 없었기 때문에

잠시 눈을 감고 그때 내 마음을 <u>있는 그대로</u> 지켜봅니다.
그리고 <u>3번 정도</u> 내 마음 상태를 소리 내어 말해 봅니다.
"아! 그때 내 마음이 <u>짜증났었</u> 구나."

내 마음을 살펴보니 지금 마음은 어떻습니까?
(마음의 상태가 달라졌거나 새롭게 알게 된 점이 있나요? 혹은 그대로인가요?)

지금 내 마음은 <u>미안합</u> 니다.

왜냐하면
아침에 엄마의 잔소리 때문에 기분이 좋지 않았는데 그 친구에게 괜히
화풀이를 한 것 같다. 그 친구도 황당했을 수도 있겠다. 어떡하지…

물론 그때 마음과 별로 다르지 않을 수도 있고 기분이 더 나빠졌을 수도 있습니다. 우리가 흔히 범하는 오류는 너무 잘하려고 하는 데서 주로 발생하지요. 마음을 알아차렸으니 당연히 지금의 마음 상태가 밝고 긍정적으로 바뀌어야 하는 거 아닌가 하고 말이죠. 하지만 계속해서 부정적이거나 우울한 상태가 유지된다면 다 그럴 만한 이유가 있지 않을까요? 자책을 하거나 마음 분석에 들어가지 마시고(생각만 더 커집니다!) 그냥 지금의 마음 상태를 한 번 더 받아주는 것으로 마무리하는 건 어떨까요?

마음 관찰 원리(정리편)

1. 알아차리기: 내 마음이 일어나는 시점

• 언제 그 마음이 일어났나요? 그 마음이 출발한 순간을 찾아봅니다.

• 그 마음이 일어나자 나는 무슨 행동, 무슨 생각을 하나요?

• 그 마음이 지나간 후 어떤 상태가 되었나요?

 (마음이 일어난 후 / 알아차리기를 마친 후)

2. 지켜보기: 대응 방법

• 아무것도 하지 않고 있는 그대로 지켜봅니다. (애쓰지 않기)

• 외면하거나 회피하지 않고 억누르지도 않습니다.

• 생각으로 끌려가지 않습니다. 오직 그 마음에만 집중합니다.

3. 돌아보기: 내 습관 알아차리기

• 일정한 상황에서 반복되는 내 패턴을 알아차려 봅니다.
 '아~~ 내가 이런 순간에 이렇게 반응하는구나!'

• 외면했거나 억눌렀다면 그런 자신을 탓하지 말고 인정하고
 받아들입니다. '그래도 괜찮아', '이럴 때 정말 잘 안 되는구나'

• 이 과정이 연습임을 잊지 않습니다.

학생이나 자녀와 함께하는 마음 일기 쓰기

마음 일기는 교사인 제가 마음공부를 하며 얻은 소중한 경험을 어떻

게 하면 학생들에게도 알려줄까 하는 고민 속에서 탄생했습니다. 함께 공부하던 선생님들과 마음을 나누고 공감하고 지지하는 과정은 마치 다시 태어난 것과 같은 소중한 기회가 되었습니다. 마음을 알아차리고 안아주고 돌이키는 과정을 4~5년 정도 하고 나니 상황이 달라지지 않아도 여유 있게 생활하는 법을 배웠습니다. 여기서 생긴 에너지를 학생들과 함께 나눌 수 있었습니다.

마음 일기를 혼자 쓰는 것도 좋지만 마음을 나누고 싶은 사람과 함께 쓰고 공감하면 그 효과가 배로 증폭합니다.

특히 고민 많고 힘들어하는 사춘기 아이들에게 마음 일기는 자신을 차분히 돌아보고 인정하고 받아들이는 경험을 할 수 있도록 도와줍니다. 또한 그 과정을 함께하다 보니 아이들과의 거리가 줄고, 아이들에게 실질적인 도움을 줄 수 있는 방법을 찾을 수 있는 여유와 힘을 갖게 되었습니다.

학생이나 자녀와 함께 마음 일기를 쓰고자 하는 분들이 점점 많아져 제 마음이 흐뭇하고 기쁩니다. 또한 먼저 해본 사람으로서 다른 분들이 잘 사용할 수 있도록 도와야 한다는 부담감도 느낍니다.^^

마음 일기를 아이들과 함께 해보기로 마음먹은 분들께 제 경험을 바탕으로 몇 가지 팁을 드리고자 합니다.

1. 마음 일기를 권유하기 전에 본인이 먼저 작성해보세요.
- 아이들도 중요하지만 교사(혹은 부모) 자신의 마음 살핌도 중요합니다.

- 먼저 해보지 않으면 지도하는 과정에서 막막하고 혼란스러울 수 있습니다. 마음 일기의 원리를 희미하게라도 파악할 수 있도록 먼저 작성하고 경험하기를 권유합니다.

2. 가볍게 시작하세요.
- 모든 아이들을 이끌어가고 싶겠지만, 아시다시피 그렇게 안 되는 게 이 바닥이지요.^^
- 교사는 뭔가 도움을 주고 싶어 시작하지만 모든 아이들이 잘 따라오지는 않을 겁니다.
- 쓰는 습관과 자기 마음을 관찰하는 습관을 갖게 해준다는 마음으로 가볍게 시작하세요.

3. 처음부터 마음 일기장을 나눠주고 시작하기보다는 마음 쪽지나, 일주일분 마음 일기로 시작하세요.
- 아직 익숙하지 않은 아이들은 긴 이야기를 쓰는 것을 부담스러워합니다.
- 아주 간단한 자신의 일상을 그저 표.현.하는 것부터 시작해야 거부감이 적습니다.

연습: 단순한 표현 → 구체적인 표현

- 저는 예쁜 색지에 인쇄하여 주었습니다.

4. 댓글에 대한 부담에서 벗어나세요.
- 마음 일기를 지속하는 힘은 아이들이 아니라 선생님이 갖고 있습니다.
- 긴 댓글이나 적절한 조언을 해주어야 한다고 부담을 느끼면 오래 지속하기 어렵습니다. 마음 일기는 아이들이 쓰고 느끼고 스스로 자기 마음을 발견하는 것이 핵심입니다.
- 선생님은 가벼운 흔적(도장, 사인, 감탄사 정도의 댓글, 가벼운 공감)만 남기면 됩니다.

5. 초반에 아이들에게 마음 표현의 중요성을 반복해서 설명해주세요.
- 맹목적으로 작성하던 아이들이 스스로 필요성을 느끼면 더 적극적으로 참여하게 됩니다.
- 무엇보다 이 일기를 쓰는 일이 자기 자신에게 좋은 일이 된다는 말을 반복해주세요.

6. 매일 쓰는 것을 원칙으로 지도해주세요.
- 마음 일기는 습관을 들이는 과정이기 때문에 초반에는 자주 쓰면서 습관을 들여야 합니다,
- 그날그날 스트레스가 되는 원인을 찾아 해소하는 기쁨을 느낄 수 있습니다.

댓글 달기

마음 일기 쓰기를 지도하다 보면 학생의 일기에 댓글을 달아서 방향을 잡아주거나 도움을 줄 수 있는 방법을 고민하게 됩니다. 하지만 이 과정에 집착하다 보면 주객이 전도되어 실제 학생의 고민보다 교사나 부모님의 글이 더 길어지기도 합니다. 그렇게 되면 교사나 부모에게 마음 일기가 부담스러운 일이 돼 버립니다.

댓글을 달아주는 목적은 생각보다 아주 단순합니다. '내가 너에게 관심이 있단다.'라는 느낌을 전달하는 정도로도 충분합니다.

• 처음부터 긴 댓글을 달지 마세요. 처음에는 확인 도장이나 감탄사 정도의 흔적 남기기가 적당합니다.

예) 감탄사: 허걱, 잉?, 에고고, 아이고~, 야~~!, 죽이는데!, 좋아! 등

　　도장: 시중에서 팔고 있는 도장이면 됩니다.

• 댓글을 달아주고 싶을 때는 학생이 표현한 마음을 그대로 반복하면 됩니다.

예를 들어 **그때 내 마음은 짜증났습니다.** 일 경우 '**아이구, 정말 짜증 났겠다.**'라든지 '**그렇게 힘들었는데 오늘 참 잘 버텼구나**'라고 위로 또는 칭찬을 하면 됩니다.

• 학생의 상태가 부정적이라고 해서 무조건 긍정적인 댓글을 다는 것은 오히려 반감을 사거나 흥미를 잃게 합니다.

그때 내 마음은 죽어버리고 싶었습니다. 그때 내 마음은 가출하고 싶

<u>었습니다.</u>

　이런 경우 걱정되고 놀라실 겁니다. 하지만 교사나 부모님이 크게 당황스러워 하거나 놀라면 아이가 더 심각해질 수 있습니다. 특별한 조언이나 해결책을 제시하려 하지 말고 학생의 기분이 가라앉기를 '기다리는' 정도의 댓글이 적당합니다. 죽고 싶다는 마음을 썼다고 해도 아직 일어나지 않은 일입니다. 그저 마음 상태라는 점을 교사도 학생도 명확히 하는 것이 좋습니다.

　'아이구, 정말 힘들있나 보구나.'
　'죽고 싶을 만큼 힘들있구나.'
　'지금은 괜찮니?'
　'도움이 필요하면 언제든지 얘기해.'

　• 학생의 표현이 애매하거나 적절한 감정 표현이 되지 않을 경우에는 구체적으로 답할 수 있도록 마음 상태를 묻는 질문을 하는 것도 효과적입니다.

　'그랬구나. 이럴 때 네 마음이 어땠니?'

　• 마음 표현에 소극적인 학생의 경우 일상에서 학생의 행동, 말 등을 기억했다가 댓글로 달아주면 흥미를 느낄 수 있습니다. 교사의 관심을 받는 느낌이 든다고 합니다.

'아까 예뻤던데!'

'오늘 표정이 안 좋더라.'

'어디 아프니?'

'대답 잘하던데!'

'너 혼나니까 속상했어.'

마음 일기를 쓰는 이유는 내 마음을 잘 알아차리고 그때 상황을 다시 돌이켜볼 수 있는 힘을 기르는 데 있습니다. 마음에는 옳고 그름이 없습니다. 판단하지 말고 있는 그대로를 알아차리고 받아주는 연습을 통해 왜곡된 마음으로 인한 실수를 되풀이하지 않을 수 있습니다.

마음 일기는 지금 이 순간에 집중하며 살아갈 수 있도록 돕는 좋은 습관입니다.